아들에게 전해주는 인생 명언
365 + 1

아들에게 전해주는
인생 명언
365+1

A Wise Saying To My Son

❧

윤태진 지음

다연
DAYEONBOOK

너에겐 얼마의 시간이 흘렀을까?

아빠의 시간은 인생의 절반을 넘어섰고, 지난번 너에게 글을 쓴 후 5년이 흘렀어. 너에게 글을 남기겠다고 마음먹은 후 많은 일이 있었어. 한국에 돌아온 뒤 아빠는 네게 쓴 글들을 정리했단다. 그 글들을 모아 책으로 만들어서 너에게 전해주면 좋겠다는 생각이 들었거든. 처음 시작은 언제나 마음을 설레게 하지. 초고를 준비하는 내내 아빠는 책을 읽고 있는 너를 바라보는 기분 좋은 꿈을 꾸었단다. 하지만 그 설렘은 그리 오래가지 못했어. 그 원고를 들고 수십 곳의 출판사 문을 두드렸지만, 그 어디에서도 긍정적인 답을 받지 못했단다. 출판사들의 거절 응답에 지쳐갔고, 회신 없는 출판사들의 무관심에 익숙해져갔지. 출간기획서를 고쳐보기도, 문체를 달리해보기도 했지만 역시 바뀌는 것은 없었어. 회신은 없었고, 간혹 있더라도 거절 답변뿐이었단다. 결국 더 이상 출판사에 원고를 보내지 않게 되었지.

그렇게 출판 기대가 사그라들던 어느 날이었어. 출근길에 버스 차창 밖을 멍하니 바라보고 있을 때였지.

'이런 건 싫은데, 이렇게 끝나버리는 건 싫은데.'

그리고 그 순간 그렇게 아쉬움에서 다시 시작된 그 꿈에 대한 바람은 또다시 실패할 거라는 두려움을 이겨내고 있었단다. 아빠는 출근하자마자 원고를 꺼내어 마지막으로 한 번 더 출판사에 보냈어. 이번에도 거절당한다면 스프링철이라도 해서 너에게 글을 전해줄 생각이었지.

인생은 참 신기하기도 하지. 오래전 내게서 떠나버렸다 믿었던 그 수호천사들이 여전히 날 위해 열심히 일하고 있는 걸까. 아니, 어쩌면 그것은 네 수호천사들의 작품이었는지도 모르겠구나. 인생을 살아가는 법을 그토록 많이 다룬 아빠의 글들이 무색할 정도로, 아빠가 네게 그런 글들을 남길 자격이 있는 건지 민망할 정도로 예측하지 못한 일이 일어났으니까.

원고를 보낸 뒤 두 시간여 만에 출판사에서 연락이 왔어. 휴대전화기에 대고 아빠가 먼저 확인한 말은 "원고를 벌써 다 보셨나요?"였단다. 전화한 그분은 원고는 다 읽었으며 오래전부터 이런 원고를 찾고 있었다고 했지. 처음에 아빠는 편집장이라고 밝힌 그분이 사기꾼일지도 모른다고 생각했단다. 그동안 수십 군데 출판사에서 퇴짜를 놓은 원고인데, 이렇게 단숨에 출판하자고 할 리가 없잖아. 하지만 그분은 사기꾼이 아니었고, 그날 오후에 출판 계약이 이루어졌으며, 얼마 뒤 너를 위한 글들은 마침내 책 한 권으로 거듭났단다. 네 책장에 초판본을 꽂을 때, 아빠는 참으로 기분이 좋았어.

그 책은 베스트셀러가 되었고, 아빠는 베스트셀러 작가라 불리게 되었지. 하지만 아빠는 그런 말을 들을 자격이 없는 사람 같아. 베스트셀러 도서가 된 후에도 뒤늦게 아빠 메일을 확인한 다른 출판사들이 출판 거절 메일을 계속 보내왔으니까. 그리고 독자들의 서평이 아빠의 글보다 더 무게 있고, 더 아름다우며, 더 재치 있었으니까. 아마도 그 책을 낸 출판사라는 곳이 바닷가의 평범한 조약돌조차 진주처럼 바꿀 힘이 있는 그런 곳이었던 것 같아.

이렇게 부족한 아빠지만, 너에게 다시 한번 글을 남기기로 결심했다. 가장 큰 이유는 너에게 아직 못다 한 이야기가 많았기 때문이야. 책을 볼 때마다 아쉬움이 남았지. '이 말은 꼭 해줬어야 했는데' 하는 미련이 있었단다. 처음에는 하나였던 것이 점점 불어나 머릿속을 맴돌았고, 결국 안 되겠다 싶어 다시 글을 쓰기로 마음을 먹은 거야.

또 다른 이유는 얼마 전의 경험 때문이었어. 지치고 힘들 때, 아빠 또한 네게 남긴 책을 읽으며 마음을 다잡곤 해. 가끔 그 책이 널 위해 쓴 것이 아닌, 아빠 자신을 위해 쓴 것 같은 생각이 들 정도로 많은 도움을 받았지. 그런데 읽을 때마다 이상한 느낌 하나가 들었단다. 데자뷔라고 해야 할까? 아빠가 쓴 글들인데도 어디선가 본 듯한 느낌이 들었거든. 처음에는 책을 너무 자주 읽어서 그렇다고 생각했지.

그러던 어느 날 그 이유를 알게 되었어. 실패에 관한 이야기를 읽을 때였단다. 그 글에서 아빠는 '할 수 있다면 한 번만 실패하라'고 말하고 있었어. 그 부분을 읽다 보니, 그동안 아빠를 힘들게 한 실패들이 떠오르더라. 아빠는 많은 실패를 했어. 그 실패들은 모두 아빠 인생의 중요한 단계에서 있었어. 아빠는 삶의 큼직큼직한 길목에서 한 번도 빠짐없이 실패했단다. 그 첫 번째 실패는 대입이었어. 함께 공부한 친구들은 모두 대학에 합격했는데, 아빠만 떨어졌지. 엄청난 좌절감과 충격에 짓눌린 채 아빠는 방에 들어가서는 보름 동안 나오지 않았단다.

처음에는 울었어. 눈물이 나오지 않을 때까지 울었지. 그러고는 멍하니 앉아 있었단다. 세상이 끝날 때까지 계속 멍하니 앉아 있을 생각이었지. 얼마나 그렇게 있었을까. 문득 책 하나가 눈에 들어왔어. 발타자르 그라시안의 《세상을 보는 지혜》라는 책이었어. 아빠는 그 책을 읽기 시작했단다. 그러던 중 한 문장이 눈에 들어왔지.

'첫 번째 시험을 경험 삼아 두 번째 시험은 좀 더 안전을 기하라. 첫 번째 시험이 성공하든 실패하든 두 번째 시험을 위한 담보가 되게 하라.'

이 문장이 얼마나 위로가 되었는지 모른단다. 마치 "괜찮아. 처음에는 다 그런 거야"라고 하면서 아빠 어깨를 어루만지는 것 같았지. 그리고 그 말 한마디가 아빠의 쪼그라든 심장을 펴서 다시 뛰게 했단다. 아빠는 그 문장을 색이 변하지 않는다는 중성지에 옮겨 적고는 가위로 조심스럽게 오려내어 코팅이라도 하듯 종이 앞뒤에 비닐 테이프를 붙인 후 주머니에 넣었어. 그날 저녁, 아빠는 웃으면서 방 밖으로 나왔어. 이후 아빠는 지치고 힘들 때마다 그 문장을 꺼내 읽으며 마음을 다잡곤 했지.

'인생의 버팀목이 되어준 그 문장을 그때, 거기서 만난 건 참 다행스러운 일이야!'

지난날을 돌아보며 이렇게 생각하던 순간, 아빠는 너무 놀랐단다. 그것은 마치 기막힌 반전 영화의 마지막 장면처럼 충격적이었어. 이미지로 보자면 영화 〈에이 아이〉에서 만물박사가 데이비드에게 파란 요정을 말해주던 장면과 흡사할 거야. 여러 단어가 투명한 스크린 같은 것들에 떠오르던 그 장면 말이야.

발타자르 그라시안의 《세상을 보는 지혜》, 마르쿠스 아우렐리우스의 《명상록》, 프랑수아 드 라로슈푸코의 《잠언과 성찰》, 헤르만 헤세의 《싯다르타》, 앙투안 드 생텍쥐페리의 《어린 왕자》, 아르투르 쇼펜하우어의 《의지의 표상으로서의 세계》 등등 책장에 꽂혀 있는 책들 하나하나에서 너에게 전해준 말들이 떠올랐거든.

《세상을 보는 지혜》의 '자연이 우리에게 신체의 중요한 부분인 팔과 다리를 둘씩 주었듯, 우리는 인생에서 의지하는 그것들을 곱절로 갖추는 기술을 갖춰야 한다'는 문장은 '무엇인가 되고 싶은 것, 갖고 싶은 것이 있다면 그게 요구하는 대가의 두 배를 지불하고 결과를 기다리거라' 하는 말이 되었어. 《싯다르타》의 '나는 자주 이 강의 소리에 귀를 기울이곤 했으며, 자주 이 강의 눈을 들여다보곤 했습니다. 그리고 항상 이 강에서 배워왔습니다. 우리는 강에서 많은 것을 배울 수 있습니다'는 문장은 '세상의 모든 것에서 배우거라' 하는 말이 되었지.

《명상록》에서는 관조에 대한 말이,《잠언과 성찰》에서는 적을 만들지 않는 방법에 대한 말이,《어린 왕자》에서는 기다림에 대한 말이,《의지의 표상으로서의 세계》에서는 꿈을 현실화하는 방법에 대한 말이 떠올랐지. 아빠는 깨달았단다. 아빠가 너에게 들려준 이야기는 아빠만의 이야기가 아니었음을 말이야.

아빠는 가진 것 없이 태어나, 두려움 많은 삶을 살았단다. 결핍은 결핍 그 자체보다도 그 끝을 가늠할 수 없다는 사실이 아빠를 더욱 두렵게 했지. 차 문 여는 법을 몰라 차 안에서 허둥지둥 사색이 된 채 앉아 있던 소년, 피자 먹는 법을 몰라 친구들이 먼저 먹기를 기다리고 있던 학생, 처음 비행기에 올라타 이리저리 주위를 살피며 내내 긴장해 있던 청년. 삶의 어느 때, 어느 곳에서나 결핍이라는 것은 되살아나 아빠를 공포 속으로 몰아넣었단다.
누구처럼 넘어졌을 때, 이참에 좀 쉬었다가 다시 달려도 괜찮은 그런 삶은 아빠에게 허락되지 않아. 누구처럼 넘어졌다고 옆에 있는 누군가가 일으켜 세워줄 수 있는 그런 삶은 아빠에게 허락되지 않았지. 아빠에게 허락된 삶이란 넘어져서는 안 되고, 넘어지더라도 혼자 일어나야만 하는 그런 것이었단다.

하지만 다행스럽게도 아빠에게는 삶이라는 문제를 먼저 풀어간 친구들의 지혜로운 말들이 있었어. 그 말들은 결핍된 아빠에게 강력한 무기이자 따스한 안식처가 되어주었지. 그 말들 덕분에 아빠는 결핍되었을지라도 결핍에 길들지 않을 수 있었단다.

너는 지금 어느 시간 속에 있을까?
아빠는 지금 인생의 절반을 갓 넘어선 시간 속에 있어. 오늘도 어김없이 바람이 부는구나. 친구의 말들과 아빠의 말이 지치고 힘든 너의 시간 속 널 찾아가 네 눈가에 맺혀 있는 눈물을 닦아주고, 네 쪼그라든 심장을 다시 펴서 힘차게 뛰게 해주길. 그리고 너는 이 바람을 타고 하늘 저 멀리 날아오르길.

아빠가

Contents

생명이 있는 모든 것에 신의 가호가 함께하기를,
의식이 있는 모든 것에 신의 가호가 함께하기를,
그리고

⋮

의지를 가진 모든 것에
신의 가호가 함께하기를.

경
험

말해주더라도 잊어버릴 것이다.
보여주더라도 기억하긴 어려울 것이다.
하지만 나를 참여하게 해준다면
이해할 수 있을 것이다.

_인디언 속담

경험은 느낌과 감정으로 기억되고 기억이 확실한 앎이 될 때, 비로소 지혜가 되어 삶의 버팀목이 된다. 경험이 삶 자체인 건지, 삶을 위한 하나의 수단인 건지는 알 수 없어. 경험으로 얻는 지혜를 마주하기 위해 삶을 사는 건지, 삶을 살아가기 위해 경험에 의한 지혜가 필요한 건지도 알 수 없지. 하지만 삶이라는 단어와 가장 비슷한 단어를 꼽으라면 경험일 거야.

문득 "이걸 갖고 어떻게 소풍을 가?" 하며 엄마 앞에 흩뿌렸던 100원짜리 동전들이 눈앞에 보이는 듯해. 시장통에서 산 싸구려 운동화를 보면서 놀려대던 친구들의 비웃음 소리가 귓가에 들리는 듯해. 합격자 명단에 이름이 없는 것을 확인하고 귀가하던 길에 내리던 진눈깨비의 싸늘한 촉감이 다시 느껴지는 듯해.

꽃을 들고 길모퉁이에서 그녀를 기다리던 설렘의 느낌이, 장미 꽃다발에서 풍기는 은은한 향기의 느낌이, 처음으로 잡았던 네 따스한 손의 느낌이 다시 살아나는구나.

그리고 아빠는 그렇게 오늘을 산다.

사람들은 경험에 대해 이렇게 말한다.
"경험이라는 것은 지혜를 배우는 가장 좋은 방법이다."

아빠가 전해주는 인생 명언

언젠가 날기를 배우려는 사람은 우선 서고, 걷고, 달리고, 오르고, 춤
추는 것을 배워야 한다. 사람은 곧바로 날 수 없다.
_프리드리히 니체

아무런 위험을 감수하지 않는다면, 더 큰 위험을 감수하게 될 것이다.
_에리카 종

한 가지 일을 경험하지 않으면 한 가지 지혜가 자라지 않는다.
_《명심보감》

인생은 해결해야 할 문제가 아니라 경험해야 할 현실이다.
_쇠렌 키르케고르

가장 높은 곳에 올라가려면 가장 낮은 곳부터 시작하라.
_푸블릴리우스 시루스

경험은 최고의 교사다. 다만, 수업료가 지나치게 비싸다고 할까?
_토머스 칼라일

최고에 도달하려면 최저에서 시작하라.
_푸블릴리우스 시루스

경험도 없는 사람에게는 중요한 일을 맡기지 말라.
_발타자르 그라시안

진리는 경험이어서 가르칠 수 없다. 그것은 지식이 아니고 존재하는 것이다.
_오쇼 라즈니쉬

자식에게 물고기를 잡아 먹이지 말고, 물고기를 잡는 방법을 가르쳐주라.
_《탈무드》

배움은 행동을 통해 배우는 단 한 가지의 방법이 있을 뿐이네. 그대가 알아야 할 것들은 여행을 통해 다 배우지 않았나?
_파울로 코엘료,《연금술사》

포도주가 새 술일 때는 신포도와 같은 맛이 난다.

_《탈무드》

남의 경험에서 무언가를 배울 만큼 현명한 사람은 없다.

_벤저민 프랭클린

얻어먹는 빵이 얼마나 딱딱하고 남의집살이가 얼마나 고된 것인
가를 스스로 경험해보라. 추위에 떨어본 사람만이 태양의 소중함
을 알 듯, 인생의 힘겨움을 통과한 사람만이 삶의 존귀함을 안다.
인간은 모두 경험을 통해 조금씩 성장해간다.

_알리기에리 단테

계단을 밟아야 계단 위에 올라설 수 있다.

_터키 속담

실험을 통해 경험을 얻을 수 없다. 만들 수도 없다. 반드시 겪어야
얻는다.

_알베르 카뮈

경험이란 모든 사람이 자신의 실수에 붙이는 이름이다.

_오스카 와일드

교육은 작은 글씨로 쓰인 주의 사항을 읽는 것이다. 경험은 그것을
읽지 않을 때 얻게 되는 것이다.

_피트 시거

최고의 증거는 단연 경험이다.

_프랜시스 베이컨

인내 · 끈기 · 노력 · 참음 · 버팀

포기하는 자는 절대 이길 수 없고,
이기는 자는 절대 포기하지 않는다.

_로이 베나비데스

형평성이 결여된 세상에 정의로운 구석이 그나마 있다면, 그건 세상이 참을성 없고 조바심 많은 사람의 먹을 것과 입을 것과 쉴 곳을 빼앗아서 인내하는 사람에게 주도록 되어 있다는 점일 거야. 어쩌면 냉혹한 세상이 인간에게 베푸는 마지막 자비는 인내인지도 모르겠구나. '포기하지 않고 계속 인내하다 보면 바라던 바를 확실히 이룰 수 있다'며 불확실함 속에서 희망 없이 흔들리는 우리 인간의 마음을 보듬는 것인지도 모르겠어.

돌이켜 생각해보면, 가고자 했던 그곳은 언제나 지쳐서 포기한 그 작은 언덕 너머에 있었어. 큰 산을 넘고 큰 강물을 건넜음에도 끝내 지쳐버려 그 작은 언덕 앞에서 주저앉곤 했지. 하지만 언제나 그 작은 언덕이 마지막 언덕이었으며, 그 언덕 너머에 가고자 하는 목적지가 있었단다.

그렇기에 한 걸음 더 가봐야 해. 지쳤다고 생각하는 그 순간, 더 이상 걸을 수 없다고 생각하는 그 순간, 한 걸음만 더 가보는 거야. 두 걸음도 아닌, 단 한 걸음 말이야. 아무리 지쳤어도 한 걸음은 더 걸을 수 있을 테니까.

사람들은 인내에 대해 이렇게 말한다.

"인내란 성공에 이르는 가장 중요한 요소이다. 인내하는 사람은 절대 이길 수 없다. 포기는 성공 바로 앞에서 일어난다."

아빠가 전해주는 인생 명언

어떻게 에베레스트산을 올라갔냐고요? 뭐, 간단합니다. 한 발 한 발 걸어서 올라갔지요.
_에드먼드 힐러리

승리는 상대방보다 15분 더 견디는 쪽에 돌아가게 마련이다.
_마르셀 프루스트

세상의 그 무엇도 인내를 대신할 수 없다. 재능은 인내를 대신할 수 없다. 재능은 있지만 성공하지 못한 사람이 수두룩하다. 천재도 대신할 수 없다. 천재가 제대로 보상받지 못한다는 것은 거의 속담이 될 정도다. 교육도 아니다. 세상은 교육받은 노숙자로 넘쳐난다. 인내와 의지만이 모든 것을 가능케 한다.
_캘빈 쿨리지

인생의 실패자들은 포기할 때 자신이 성공에 얼마나 가까이 있었는지 모른다.
_토머스 에디슨

인내는 희망을 품은 기술이다.

_푸블릴리우스 시루스

다른 사람이 참을 수 없는 걸 참아내야만 비로소 다른 사람이 할 수
없는 것을 할 수 있다.

_《법구경》

지혜의 절반은 인내에 있다.

_에픽테토스

끈기의 습성이야말로 승리의 습성이다.

_허버트 코프먼

행복할 때의 미덕은 자제이고, 역경에 처했을 때의 미덕은 인내이다.

_프랜시스 베이컨

인내심을 가지고 노예의 짐을 지는 사람은 자유인이다.

_칼릴 지브란

인내의 밭에 고통을 심었더니 행복의 열매가 맺혔다.

_칼릴 지브란

모든 일에서 성공을 결정 짓는 첫째이자 유일한 조건은 인내이다.

_톨스토이

인내하는 사람은 정복당하지 않는다.

_조지 허버트

천재는 단지 인내를 수용할 수 있는 거대한 능력일 뿐이다.

_조르주루이 르클레르 뷔퐁

누군가에게 백 번 말해서 그가 귀를 기울이지 않더라도 당신은 계속 노력해야 한다. 그것이 인내이다.

_마하트마 간디

인내와 끈기 그리고 땀은 성공을 위한 불패의 조합을 만든다.

_나폴레온 힐

인내는 쓰지만 열매는 달다.

_장자크 루소

인내심을 가질 수 있는 사람은 그가 원하는 것을 가질 수 있다.

_벤저민 프랭클린

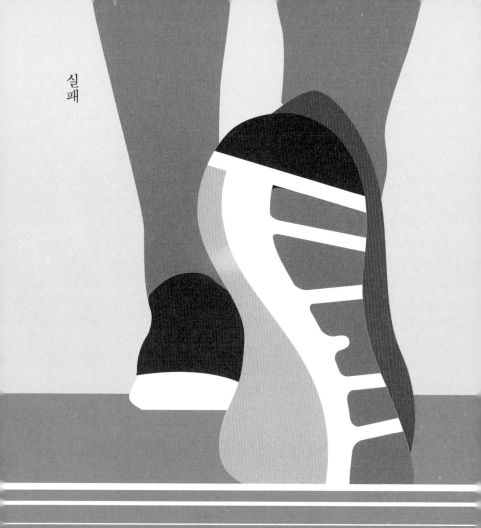

실
패

첫 번째 시험을 경험 삼아
두 번째 시험은 좀 더 안전을 기하라.
첫 번째 시험이 성공하든 실패하든
두 번째 시험을 위한 담보가 되게 하라.

_발타자르 그라시안

실패했을 때 그 어떤 위로의 말도 귀에 들어오지 않게 마련이다. 그저 세상이 원망스럽고, 자신이 불만족스러울 뿐이지. '실패는 성공의 어머니'라고 하지만, 실패한 사람 마음속에는 그저 '성공했으면 좋았을 텐데' 하는 아쉬움만 있을 뿐이야. 실패를 극복하는 가장 좋은 방법은 무엇일까? 아빠는 실패의 비가역성을 깨닫는 것이라 생각해. '조금만 더 했으면 성공했을 텐데' 혹은 '조금만 운이 좋았으면 성공했을 텐데' 하며 실패를 아쉬워하는 것은 아직 실패의 비가역성을 깨닫지 못한 거야. 결과를 달리 돌릴수 없다는 그 비가역성을 깨달을 때, 실패를 준엄하게 받아들이고 자신의 실패를 냉정히 바라보며, 그 실패를 다음의 성공을 위한 디딤돌로 바꿀 수 있단다.

아빠 생각에 실패는 한 번으로 충분하지 싶어. 첫 번째 실패를 경험한 뒤 그 실패에 대해 냉정히 반성하면서 차분히 두 번째 시험을 준비했음에도 또 실패했다면, 그건 그 길에서는 아무리 실패해도 성공의 길로 들어설 수 없음을 말해주는 것일지도 몰라.

사람들은 실패에 대해 이렇게 말한다.
"실패하는 것은 성공을 위한 디딤돌이 될 수 있다. 실패 뒤의 성공은 실패 없는 성공보다 낮지만, 반복되는 실패는 하지 말아야 한다."

아빠가 전해주는 인생 명언

결코 그르치는 일이 없는 사람은 아무것도 하지 않는 사람뿐이다.
_로맹 롤랑

운명은 항상 너를 위하여 좀 더 훌륭한 성공을 준비하고 있는 법이다. 그러므로 오늘 실패한 사람이 내일에 가서는 성공하는 법이다.
_미겔 데 세르반테스

전구를 발명하기 위해 나는 9,999번의 실험을 했으나 잘되지 않았다. 그러자 친구는 실패를 1만 번째 되풀이할 셈이냐고 물었다. 그러나 나는 실패한 게 아니고, 다만 전구가 안되는 이치를 발견했을 뿐이다.
_토머스 에디슨

한 번 실패와 영원한 실패를 혼동하지 말라.
_프랜시스 스콧 피츠제럴드

또 실패했는가? 괜찮다. 다시 실행하라. 그리고 더 나은 실패를 하라.
_사뮈엘 베케트

많이 넘어져본 사람일수록 쉽게 일어선다. 반대로 넘어지지 않는
방법만 배우면 결국 일어서는 방법을 모르게 된다.

_사이토 시게타,《나를 위한 하루 선물》

실패란 넘어지는 게 아니라 넘어진 자리에 머무는 것이다.

_아녜스 안,《프린세스, 라 브라바》

성공은 절대 실수하지 않는 게 아닌, 같은 실수를 두 번 하지 않는
것에 있다.

_조지 버나드 쇼

넘어졌다면 무언가를 주워라.

_오즈월드 에이버리

배움 · 공부 · 학업 · 교육

나는 자주 이 강의 소리에 귀를 기울이곤 했으며,
자주 이 강의 눈을 들여다보곤 했습니다.
그리고 항상 이 강에서 배워왔습니다.
우리는 강에서 많은 것을 배울 수 있습니다.

_헤르만 헤세, 《싯다르타》

눈을 뜨고 귀를 열고 몸의 촉각을 세워 세상의 실체에 다가서는 것, 그게 배움일 거야.

학교에서의 배움은 많이 지겹긴 했어. 그때의 배움이 살아가는 데 가장 큰 보탬이 되긴 했지만 말이야. 어떤 사람들은 학교에서 배운 게 세상 사는 데 무슨 도움이 되느냐 말하지만, 달리 배움의 기회가 없던 아빠에게는 학교에서 배운 것이 아빠가 아는 거의 모든 게 되었단다. 살아남기 위해 아빠에게는 학교에서 배운 지식을 넓게 응용하는 것, 그 방법뿐이었지.

물론 배움이 학교에서만 이루어지는 것은 아니야. 배움은 드라마, 영화, 음악, 그림은 물론 심지어 만화, 게임을 통해서도 가능하지. 학교에서의 배움은 짧고 일방적인 데 반해, 세상에서의 배움은 길고 일방적이지 않아. 그렇기에 세상에서 배우는 것이 학교에서 배우는 것보다 훨씬 크단다.

배움의 결실은 배우는 이의 의지에 달려 있단다. 배우려는 이는 길가의 풀 한 포기만 바라봐도 모든 걸 배울 테지만, 배우려는 마음이 없는 이는 세상 모든 걸 다 바라본들 아무것도 배울 수 없지.

사람들은 배움에 대해 이렇게 말한다.
"배움은 세상 모든 것을 통해 이룰 수 있다. 스스로 배우고자 하는 마음을 가지고 평생에 걸쳐 쉼 없이 배워야 한다."

아빠가 전해주는 인생 명언

식욕 없는 식사는 건강에 해롭듯, 의욕이 동반되지 않은 공부는 기억을 해친다.

_레오나르도 다 빈치

하루 공부하지 않으면 그것을 되찾기 위해서는 이틀이 걸린다. 이틀 공부하지 않으면 그것을 되찾기 위해서는 나흘이 걸린다. 1년 공부하지 않으면, 그것을 되찾기 위해서는 2년이 걸린다.

_《탈무드》

세상에서 가장 현명한 이는 모든 사람으로부터 배우는 이다. 가장 사랑받는 사람은 칭찬하는 이다. 가장 강한 사람은 감정을 조절할 줄 아는 이다.

_《탈무드》

물러나서 조용하게 구하면 배울 스승은 많다. 사람은 가는 곳마다 보는 것마다 모두 스승으로서 배울 것이 많은 법이다.

_맹자

간단하게 설명할 수 없으면 제대로 이해하지 못하는 것이다.

_알베르트 아인슈타인

스물이든 여든이든 배우기를 그치는 사람은 늙는다. 그러나 계속 배우는 사람은 젊음을 유지한다. 삶에서 가장 훌륭한 일은 마음을 젊게 가꾸는 일이다.

_헨리 포드

삶은 새로운 것을 받아들일 때만 발전한다. 삶은 신선해야 하며 결코 아는 자가 되지 말고 언제까지나 배우는 자가 되어라. 마음의 문을 닫지 말고 항상 열어두라.

_오쇼 라즈니쉬

아는 것이 적으면 사랑하는 것도 적다.

_레오나르도 다 빈치

무엇이든 그것에 대해 잘 알지 않고서는 사랑하거나 미워할 수 없다.

_레오나르도 다 빈치

스스로 배울 생각이 있는 한, 천지 만물 중 하나도 스승이 아닌 것은 없다. 사람에게는 세 가지 스승이 있다. 첫째는 대자연, 둘째는 인간, 셋째는 사물이다.

_장자크 루소

학문이란 오랜 기간 고금의 인류 경험을 이해하는 것이다.

_장자크 루소

매일 아침 5시부터 아침 식사 때까지 공부할 것!

_루트비히 판 베토벤

인간은 교육을 통하지 않고는 인간이 될 수 없는 유일한 존재다.

_임마누엘 칸트

교육은 그대의 머릿속에 씨앗을 심어주는 것이 아니라, 그대의 씨앗들이 자라나게 해준다.

_칼릴 지브란

학교가 없는 도시에는 사람이 살지 못한다.
_《탈무드》

학생으로 계속 남아 있어라. 배움을 포기하는 순간 우리는 폭삭 늙기 시작한다.
_윌리엄 셰익스피어

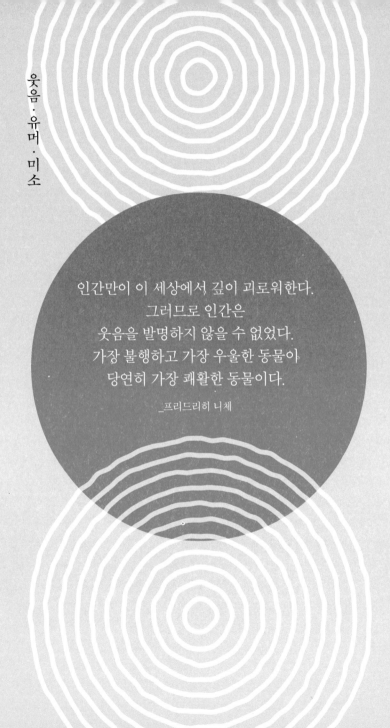

웃음·유머·미소

인간만이 이 세상에서 깊이 괴로워한다.
그러므로 인간은
웃음을 발명하지 않을 수 없었다.
가장 불행하고 가장 우울한 동물아
당연히 가장 쾌활한 동물이다.

_프리드리히 니체

항상 입가에 미소를 머금는 사람들을 보면, 그들에게 주어진 삶의 엄숙함과 함께 그에 대한 존경심이 느껴지곤 해. 그들에게 "왜 항상 웃어요? 항상 웃을 수 있는 비결이 뭔가요?"라고 묻고 싶지만, 그것은 마치 그들의 심장을 꺼내 보여달라는 말과 다름없는 듯하여 입이 잘 안 떨어지지. 그들을 따라 아빠도 입꼬리를 올리며 웃어보지만, 웃는 표정은 늘 어색한 것 같아. 아빠의 웃는 표정은 아무리 봐도 우는 표정 같거든.

하지만 삶은 슬픔의 긴 시간들과 기쁨의 짧은 순간들로 이루어진 것을 알기에, 삶에서 마주하는 기쁨이라는 건 연못 위에 드문드문 떠 있는 연꽃 같은 것임을 알기에, 그래서 웃음이 없다면 슬픔이 우리 자신을 삼켜버릴 것임을 알기에 억지로라도 웃는 연습을 해보는 거야. 그러다 보면 언젠가 그들처럼 자연스럽게 미소할 날이 찾아오지 않을까.

사람들은 웃음에 대해 이렇게 말한다.

"웃음은 우울함에 저항하는 인간의 지혜로운 무기로, 주변에 사람들을 모이게 한다."

아빠가 전해주는 인생 명언

가장 명백한 지혜의 징표는 항상 유쾌하게 지내는 것이다.
_미셸 몽테뉴

웃어라, 온 세상이 너와 함께 웃을 것이다. 울어라, 너 혼자 울 것이다.
_엘라 휠러 월콕스

밝은 성격은 어떤 재산보다도 귀하다.
_앤드류 카네기

무장한 적은 굳센 악수와 웃는 얼굴로 무장해제하라.
_발타자르 그라시안

사교의 명수는 모욕을 유머로, 부정을 긍정으로 바꾼다.
_발타자르 그라시안

오늘 가장 좋게 웃는 자는 역시 최후에도 웃을 것이다.
_프리드리히 니체

웃음이 없는 진리는 진리가 아니다.
_프리드리히 니체

인생이 엄숙할수록 웃음은 필요하다.
_빅토르 위고

농담은 아주 튼튼한 날개를 갖고 있어서, 터진 자리에서 가장 먼 거리까지 퍼진다.
_마르셀 프루스트

아름다운 의복보다는 웃는 얼굴이 훨씬 인상적이다. 기분 나쁜 일이 있더라도 웃음으로 넘겨보라. 찡그린 얼굴을 펴기만 해도 마음이 한결 편해질 것이다.
_알랭

웃음이야말로 두 사람을 가장 가깝게 만든다.
_빅터 보르게

친구 · 우정

빨리 가려거든 혼자 가라.
멀리 가려거든 함께 가라.
빨리 가려거든 직선으로 가라.
멀리 가려거든 곡선으로 가라.
외나무가 되려거든 혼자 서라.
푸른 숲이 되려거든 함께 서라.

_인디언 속담

세상은 형평성과 정의의 원칙 없이 인간을 무차별적으로 공격하는데, 굳이 혼자서 세상의 쓸림을 다 맛보겠다며 나설 필요는 없을 거야. 삶의 고단함과 외로움을 덜어내기 위해, 우리에게는 친구가 필요하단다. 친구란 힘들 때나 기쁠 때나 함께해주는 존재지. 하지만 친구라고 하는 많은 이가 우리의 기쁨에 질투하고 우리의 힘듦에 기뻐하는 것 같아. 나의 기쁨에 질투하는 친구와 나의 힘듦에 기뻐하는 친구 중 하나를 고르라면, 아빠는 나의 기쁨에 질투하는 친구를 고를 거야. 아빠에게는 아직 아빠가 불행할 때 함께해줄 친구가 필요하기 때문이지.

친구의 기쁨에 기뻐하고 친구의 힘듦에 슬퍼하는 친구도 어딘가에는 있지 않을까? 하루빨리 그런 친구를 만났으면 좋겠구나.

사람들은 친구에 대해 이렇게 말한다.
"친구란 나의 기쁨은 더해주고 나의 슬픔은 덜어주는 존재이다.
친구를 갖는다는 것은 또 하나의 인생을 갖는 것이다. 그런 만큼
좋은 친구를 사귀고 유지하기란 힘들다."

아빠가 전해주는 인생 명언

무수한 사람 중 나와 뜻을 같이할 사람 한둘은 있을 것이다. 그걸로 충분하다. 공기를 호흡하는 데는 들창문 하나로도 족하다.

_로맹 롤랑

친구를 갖는다는 건 또 하나의 인생을 갖는 것이다.

_발타자르 그라시안

우정은 함께 누림으로써 번영의 빛을 더해주고, 나누어 가짐으로써 역경의 짐을 가볍게 한다.

_키케로

한 사람의 진실한 친구는 천 명의 적이 우리를 불행하게 만드는 그 힘 이상으로 우리를 행복하게 만든다.

_에셴바흐

친구는 나의 기쁨을 배로 하고 슬픔을 반으로 한다.

_키케로

불행은 진정한 친구가 아닌 자를 가려준다.

_아리스토텔레스

친구를 얻는 유일한 방법은 스스로 완전한 친구가 되는 것이다.

_랠프 에머슨

오래 찾아야 하고 잘 발견되지 않으며 유지하기도 힘든 것이 친구이다.

_제롬

진정한 우정은 가장 큰 축복이지만, 우리는 이를 얻기 위해 적은 노력을 기울인다.

_프랑수아 드 라로슈푸코

불행을 함께 감수할 수 있는 친구를 찾아라.

_발타자르 그라시안

친구의 본래 임무는 당신의 형편이 나쁠 때 당신을 편들어주는 것이다. 당신이 옳은 곳에 있을 때는 거의 누구나 당신을 편들 것이다.

_마크 트웨인

친구의 고난을 동정하는 일은 누구나 할 수 있다. 그러나 친구의 성공에 동감하자면 매우 훌륭한 성품을 필요로 한다.

_오스카 와일드

나의 천성적인 우울한 습성을 고쳐서 내 청춘 시절을 다치지 않고 신선하게 새벽처럼 유지해준 것은 결국 우정뿐이었다.

_헤르만 헤세

친구란 말하자면 또 하나의 자신이다.

_키케로

내가 끄덕일 때 똑같이 끄덕이는 친구는 필요 없다. 그런 것은 나의 그림자가 더 잘한다.

_플루타르크

친구들에게서 기대하는 것을 친구들에게 베풀라.

_아리스토텔레스

소소함 · 사소함 · 소소한 기쁨 · 소소한 행복

사소한 것들을
소중히 해야 해.
그것이 삶을 이루는
버팀목이니까.

_〈심슨 가족〉

꿈이 이루어졌을 때 느끼는 행복감은 3개월 이상 지속되지 않는다고 해. 그렇다면 인간의 속성상 마냥 행복을 좇기보다는 주위의 소소한 기쁨을 찾는 것이 더 나을지도 몰라. 하루 동안 지속되는 소소한 기쁨을 90개 만들고, 사흘 동안 지속되는 소소한 기쁨을 30개 만드는 거야. 행복처럼 모호하지 않을뿐더러 확실하게 느낄 수 있는 것이 소소한 기쁨이지. 일상의 곳곳에 소소한 기쁨거리를 장치해놓는 것도 좋겠지. 목요일 오후에 받도록 스마트폰 액세서리를 주문하고, 일요일 밤에는 신나는 알람을 저장해놓는 거야. 소소한 기쁨을 찾는다 해서 행복이 저 멀리 도망가는 것도 아니니, 마음 편히 자잘한 기쁨을 누릴 수 있겠지.

어쩌면 삶은 후회와 아쉬움과 찰나의 행복으로 이루어졌는지도 몰라. 소소한 기쁨들을 만들고, 그 소소한 기쁨들 사이에 또 다른 소소한 기쁨들을 끼워 넣다 보면, 언젠가는 우리 삶에서 슬픔이 설 자리가 없어지지 않을까.

사람들은 소소한 기쁨에 대해 이렇게 말한다.
"행복을 바라보면서 소소한 기쁨을 간과하지 말라. 소소한 기쁨은 삶의 버팀목이 될뿐더러 행복보다 더 큰 만족감을 준다."

아빠가 전해주는 인생 명언

별을 따려고 손을 뻗는 사람은 자기 발밑의 꽃을 잊어버린다.

_제러미 벤담

일생에 한 번 있을까 말까 한 큰 행운보다 날마다 일어나는 소소한
편안함과 기쁨에서 행복을 더 많이 찾을 수 있다.

_벤저민 프랭클린

행복은 결코 많고 큰 데만 있는 것이 아니다. 작은 것을 가지고도
고마워하고 만족할 줄 안다면 그는 행복한 사람이다. 여백과 공간
의 아름다움은 단순함과 간소함에 있다.

_법정 스님

나는 아주 하찮은 일에서 느껴지는 기쁨을 좋아한다. 이것은 어려
운 일에 닥쳤을 때 나를 지탱해주는 원천 같은 존재이다.

_오스카 와일드

소소한 일들을 통해 기쁨을 얻을 수 있다.

_러디어드 키플링

달에 도달하고 싶은 욕망 안에서 인간은 그들의 발밑에 피어 있는 아름다운 꽃을 보지 못한다.

_알베르트 슈바이처

기적을 보기 위해 힘들게 찾아다닐 필요 없다. 애벌레가 나비 되고, 가녀린 풀이 아름다운 꽃을 피우고, 작은 도토리가 커다란 참나무로 자라는 것. 이보다 더 놀라운 기적이 또 어디 있겠는가? 자연의 법칙을 거스르며 일어나는 희한한 일은 기적이 아니라 재앙이다.

_이드리스 샤흐

극복 · 실천 · 실행 · 두려움
용기 · 도전 · 열정 · 야망

산티아고는 이미 익숙해져 있는 것과
가지고 싶은 것 중 하나를 선택해야 했다.

_파울로 코엘료,《연금술사》

살다 보면 무엇 하나 두렵지 않은 것이 없지. 꿈을 향해 달려가는 것은 단순해 보이지만, '그나마 얼마 가진 것도 없는데, 그것마저 잃으면 어쩌지?' 하는 두려움이 우리를 붙잡곤 해. '지금 가진 것만으로도 죽지 않고 살 수 있지 않을까?'라는 자기합리화가 마음속에 떠오르기 시작하고. 그렇게 아름답고 먹음직스러웠던 보랏빛 꿈은 덜 익은 신맛의 초록빛 포도로 바뀌어버려. 그리고 어제와 같은 오늘을 또다시 살아가지.

하지만 우리 마음은 어제보다 더 나은 오늘을, 오늘보다 더 나은 내일을 꿈꾸지. 하루가 지날수록 나의 삶이 꿈에 더욱 가까워지기를 바라면서.

언제나 처음이 무섭고 두려운 법이란다. 하지만 용기를 내어 도전해보면, 생각한 만큼 그렇게 두려운 건 없었던 것 같아.

하다 하다 안되면 그만하면 될 일. 그 일은 그만두고 다른 일을 하면 그만인 것 아닐까.

사람들은 용기에 대해 이렇게 말한다.
"스스로 두려워하지 않는다면 세상에 두려워할 것은 없다. 용기를 내지 않으면 더 먼 길을 돌아갈 수밖에 없다."

아빠가 전해주는 인생 명언

재산을 잃은 사람은 많이 잃은 것이고, 친구를 잃은 사람은 더 많이
잃은 것이며, 용기를 잃은 사람은 모든 걸 잃은 것이다.
_미겔 데 세르반테스

당신이 인생에서 저지를 수 있는 가장 큰 실수는 실수할까 봐 두려
워하는 것이다.
_알베르트 아인슈타인

용기는 항상 크게 울부짖는 것이 아니다. 용기는 하루의 마지막에
"내일 다시 해보자"라고 말하는 작은 목소리일 때도 있다.
_메리 앤 라드마커

용기는 공포에 대한 저항, 공포의 지배이지 공포의 부재가 아니다.
_마크 트웨인

자신이 무력하다는 생각만 하지 않으면, 인간은 누구나 무력하지
않다.
_펄 벅

운은 용기를 내는 사람의 편이다.

_베르길리우스

운명은 용감한 자를 사랑한다.

_버질

지금부터 20년 후, 한 일보다 하지 않은 일 때문에 실망할 것이다.
그러므로 돛을 올려라. 안전한 항구를 벗어나 멀리 항해하라. 돛에
한가득 무역풍을 실어라. 탐험하라. 꿈꾸어라. 발견하라.

_마크 트웨인

두려움은 진정한 용기의 적수가 될 수 없다.

_발타자르 그라시안

영웅이란 보통 사람보다 용기가 더 많은 것이 아니다. 다만 다른 사
람보다 5분 정도 더 오래 용기를 지속시킬 수 있을 뿐이다.

_랠프 에머슨

야망도 일종의 노력이다.

_칼릴 지브란

사람은 그 마음속에 정열이 불타고 있을 때 가장 행복하다. 정열이 식으면, 그 사람은 급속도로 퇴보하고 무력하게 돼버린다.

_프랑수아 드 라로슈푸코

용기는 사람을 죽이지 않고, 더 강하게 만든다.

_프리드리히 니체

성공은 삶에서 당신이 도달한 현재의 위치가 아니라 그동안 당신이 극복한 장애물이다.

_부커 워싱턴

지식을 갖는 것만으로는 충분치 않다. 적용해야 한다는 얘기다. 소망을 갖는 것만으로도 충분치 않다. 성취해야 한다는 얘기다.

_요한 볼프강 폰 괴테

우리가 두려워해야 할 유일한 것은 두려움 그 자체이다.

_프랭클린 루즈벨트

운명은 우리의 행위의 절반을 지배하고 다른 절반을 우리에게 양보
한다.

_니콜로 마키아벨리

그것을 갈망하는 마음속에 존재하는 아름다움은 그걸 보는 사람의
눈 속에 존재하는 아름다움보다 훨씬 숭고하다.

_칼릴 지브란

목표를 달성하는 데 우리가 봉착하는 어려움은 그 목표에 도달하는
가장 가까운 길이다.

_칼릴 지브란

여섯 번째 감각이라고 할 용기는 승리로 가는 가장 빠른 길을 찾아
내는 기능을 갖추었다.

_칼릴 지브란

실패한 일을 후회하는 것보다 해보지도 못하고 후회하는 것이 훨씬
더 바보스럽다.
_《탈무드》

장미꽃은 가시 사이에서 피어난다.
_《탈무드》

새는 알 속에서 빠져나오려고 싸운다. 알은 세계이다. 태어나기를
원하는 자는 하나의 세계를 파괴하지 않으면 안 된다.
_헤르만 헤세. 《데미안》

아무것도 시도할 용기가 없다면 삶은 어떠했을까?
_빈센트 반 고흐

성공이란 거듭되는 실패에도 열정을 잃지 않고 계속 나아갈 수 있
는 능력이다.
_윈스턴 처칠

한 번도 실수한 적이 없는 사람은, 한 번도 새로운 것에 도전해본
적이 없는 사람이다.

_알베르트 아인슈타인

근면 · 부지런함 · 몰두 · 최선 · 성실

부지런히 일하여
손에 굳은살이 박인 사람은
식탁의 제일 윗자리에 앉아서
따뜻한 밥을 먼저 먹을 자격이 있지만,
그렇지 않은 사람은
식탁의 제일 아랫자리에 앉아서
먹다 남은 찬밥을
맨 나중에 먹어야 한다.

_톨스토이

삶을 산다는 건 등에 무거운 짐을 지고 오르는 것만 같아.

짐을 내려놓으려니, 저 아래로 굴러떨어질까 봐 겁이 나지. 결국 올라가야만 하는 산이기에 무거운 짐의 무게를 견뎌내며 한 발짝 한 발짝 옮기고, 잠시 숨 돌릴 때도 짐을 짊어진 채로 쉬어야만 하지.

짐을 내려놓기도 해보지만, 그래서 짐이 저 아래로 굴러가는 걸 홀가분한 마음으로 바라보기도 하지만 이 또한 잠깐일 뿐, 죽기 전까지 절대 어찌할 수 없는 굴레, 더 무거운 짐을 짊어져야 함을 깨닫게 되지.

어차피 운명적으로 우리에게 들러붙은 짐이라면, 담담히 받아들이는 게 낫지 않을까? 어차피 해야 하는 일이라면, 일에 재미라도 붙여 미친 듯이 하는 게 낫지 않을까?

사람들은 근면에 대해 이렇게 말한다.

"열심히 일해야 편안한 휴식을 맛볼 수 있다. 이왕 하는 일이라면 부지런히 그리고 몰두해서 해야 한다."

아빠가 전해주는 인생 명언

너 자신의 불행을 생각하지 않게 만드는 가장 좋은 방법은 일에 몰
두하는 것이다.

_루트비히 판 베토벤

자신이 하는 일에 열중할 때 행복은 자연히 따라온다. 무슨 일이든
지금 하는 일에 몰두하라. 그것이 위대한 일인지 아닌지는 생각하
지 말라. 방을 청소할 때는 완전히 청소에 몰두하고, 요리할 때는 거
기에만 몰두하라.

_오쇼 라즈니쉬

당신을 둘러싸고 있는 상황 속에서 최선을 다하라.

_발타자르 그라시안

전임자와 어깨를 나란히 하려면, 두 배로 일해야 한다.

_발타자르 그라시안

부지런한 것은 값을 매길 수 없는 보배이다.

_강태공

성공한 사람들이 도달한 높은 고지는 단번에 오른 것이 아니다. 경쟁자들이 밤에 잠을 자는 동안 한 발짝 한 발짝 기어오른 것이다.

_헨리 롱펠로

열심히 일한 날에는 잠이 잘 찾아오고, 열심히 일한 일생에는 조용한 죽음이 찾아온다.

_레오나르도 다 빈치

훌륭하고 영감 있는 모든 것은 자유로운 상태에서 열심히 노력하는 사람에 의해 창조된다.

_알베르트 아인슈타인

무엇이든 하고 무엇에든 열중하라. 그래야 마음을 진정시킬 수 있다. 무엇이라도 좋다! 그 무엇이든 하라.

_앤드류 매튜스

노동 뒤의 휴식이야말로 가장 편안하고 순수한 기쁨이다.

_임마누엘 칸트

쓰고 있는 열쇠는 항상 빛난다.
_벤저민 프랭클린

바쁜 꿀벌은 슬퍼할 겨를이 없다.
_블레이크

육체 활동은 정신의 고통을 해방한다. 그래서 가난한 사람이 행복해진다.
_프랑수아 드 라로슈푸코

인간은 항상 무엇인가를 하기 위한 무엇이어야 한다.
_요한 볼프강 폰 괴테

인간 행복의 대부분은 끊임없이 계속되는 일과 그 일로 말미암은 축복으로 이루어진다.
_칼 힐티

시간과 정성을 들이지 않고 얻을 수 있는 결실이란 없다.

_발타자르 그라시안

일한 대가로 얻은 휴식은 일한 사람만이 맛보는 쾌락이다.

_칼 힐티

과장·자기과시·탐욕·질투
사치와 허영·허영심·아첨

우리는 행복해지기보다
행복하다는 것을
주위 사람들에게 알리고
그렇게 믿어달라 하는 데
더 많은 신경을 쓴다.

_프랑수아 드 라로슈푸코

가장 아름다운 것은 꾸밈이 없는 법이라고 해. 부족함이 있기에 그것을 채우려 하고, 그러한 꾸밈이 바로 사치와 허영이지. 그렇다면 사치와 허영 같은 꾸밈은 역설적으로 본래 그 자체가 부족하다는 의미겠지.

어쩌면 사람의 진실한 모습이 아닌, 그 사람의 집과 차와 목걸이밖에 보지 못하는 우리 눈을 안타까워해야 할지도 모르지. 언젠가 우리 모두가 사람의 참되고 진실한 모습을 볼 수 있는 눈을 가진다면, 굳이 애써 자신의 모습을 거짓으로 꾸미는 사람은 없게 되지 않을까.

사람들은 사치와 허영에 대해 이렇게 말한다.

"사치와 허영은 그 사람의 추악함을 몸소 보여주는 것이니 경계해야 한다."

아빠가 전해주는 인생 명언

몸치장을 함으로써 인간은 자신의 추악함을 인정한다.

_칼릴 지브란

아무리 격렬한 감정도 때로는 우리를 쉬게 하지만, 허영심만은 우리의 마음을 결코 쉬게 하지 않는다.

_프랑수아 드 라로슈푸코

과격한 수단에 호소하는 자에게는 어리석은 사람만이 말려든다.

_발타자르 그라시안

과장에는 과장으로 대처하라. 재치 있는 말은 상황과 경우에 따라 사용해야 하며, 이것이 바로 지혜의 힘임을 알라.

_발타자르 그라시안

자칭 영웅이라는 사람일수록 아무런 성과도 남기지 못한다.

_발타자르 그라시안

이 세상에서 가장 손상되기 쉬운 반면 정복되기 어려운 것은 인간의 허영심이다. 아니, 인간의 허영심은 손상되었을 때 오히려 힘이 커져서 어이없을 정도로 크게 부푸는 것이다.
_프리드리히 니체

인간의 허영은 선악을 가리지 않는다. 오로지 최고가 되려고 할 뿐.
_이드리스 샤흐

허영심은 인간의 마음을 흔드는 원동력이며 아첨은 인간관계의 윤활유이다.
_제롬

나는 돼지들에게 내 보석을 던져주어 돼지들이 보석을 삼키고 탐욕이나 소화불량으로 말미암아 죽게 만들리라.
_칼릴 지브란

명성을 구하여 달리는 자는 명성에 따라갈 수 없다. 그러나 명성에서 도망쳐 달리는 자는 명성에 붙잡힌다.
_《탈무드》

인간의 모든 성질 중에서 질투는 가장 추악한 것, 허영심은 가장 위험한 것이다.

_칼 힐티

속는 가장 확실한 방법은 자신이 남보다 영리하다고 생각하는 것이다.

_프랑수아 드 라로슈푸코

유리에서 나오는 광채는 깨지기 쉬운 단점을 가리기 위한 것이다. 유난히 겉모습에 신경 쓰는 이는 곧 사람들의 뇌리에서 잊히기 쉽다.

_발타자르 그라시안

욕망이란 처음에는 눈에 보이지 않을 정도로 느리게 진행되다가 일단 그 목적을 달성하고 나면 걷잡을 수 없이 파멸을 향해 달려가는 법이다.

_발타자르 그라시안

일단 욕망의 손아귀에 사로잡히면, 몸 기능이 쇠약해질 때까지 빠져나갈 수 없다.

_발타자르 그라시안

어른이나 아이 할 것 없이 어떤 물건을 몹시 탐내도록 만들려면, 그걸 손에 넣기 어려운 것으로 만들면 된다.

_마크 트웨인

감
사

일어나자마자 감사하라.
오늘 많이 배우지 않았다면, 조금이라도 배운 것을 감사하라.
조금이라도 배우지 않았다면, 아프지 않은 것을 감사하라.
아프다면, 죽지 않은 것을 감사하라. 즉, 만사에 감사하라는 것이다.

_붓다

즐거움만 자라는 땅은 행복이 아니라 불행일 거야. 항상 즐거움을 느끼고 살아온 사람이 자신에게 주어지는 새로운 즐거움으로부터 기쁨을 절실히 느끼기란 어려운 법이니까. 하지만 고통과 괴로움 사이에서 사는 사람은 우연히 마주하게 된 작은 기쁨 하나조차 절실히 느끼고, 감사의 마음을 가질 거야.

아빠는 가끔 이런 생각을 해. '세상에 신이 존재하고, 그 존재가 최소한의 인간미를 가지고 있다면, 그는 매사에 감사하는 우리에게 하나라도 더 주려 하지 않을까?' 하고 말이야. 나라면 누군가에게 뭔가를 주었는데, 받은 것에 대해 불평만 늘어놓고 고맙다 생각하지 않는다면 다시는 그에게 아무것도 주고 싶지 않을 거 같아. 아니, 화가 나서 준 것마저 다시 내놓으라고 할지도 모르지.

그러고 보면 감사하지 않으면서 행복해지길 바란다는 건, 세상이 인간미라는 게 전혀 없는 곳이고 그런 세상에서 운 좋게 나한테만 행복이 찾아오길 바라는 것과 다르지 않겠지.

사람들은 감사에 대해 이렇게 말한다.

"지금 가지고 있는 것에 감사해야 한다. 감사는 불안에서 벗어나게 해주고, 행복으로 가는 문을 열어준다."

아빠가 전해주는 인생 명언

세상에서 가장 지혜로운 이는 배우는 사람이고, 세상에서 가장 행복한 이는 감사하는 사람이다.

_《탈무드》

역경에 처했을 때 행복한 나날을 그리워하는 것만큼 고통스러운 일은 없다.

_알리기에리 단테

우리는 이미 가지고 있는 것에 대해서는 좀처럼 생각하지 않고 늘 없는 것만을 생각한다.

_아르투르 쇼펜하우어

물건을 사용할 때는 항상 그것이 다른 수고와 노력의 산물이라는 사실을 명심해야 한다.

_톨스토이

당신 주변에 여전히 남아 있는 아름다움을 생각하고 행복해지세요.

_안네 프랑크

감사하는 마음은 행복으로 가는 문을 열어준다.

_존 템플턴

모든 것을 인내하면서 감사하면 불평이 사라진다.

_헬렌 켈러

자신이 가지지 못한 것에 슬퍼하지 않고 자신이 가진 것에 감사하는 사람은 현명한 사람이다.

_에픽테토스

빛나던 한때가 사라졌다고 슬퍼하지 말고, 빛나는 나날이 아직 남아 있음을 기뻐하며 감사하라.

_임마누엘 칸트

그대는 인생을 사랑하는가?
그렇다면 시간을 낭비하지 말라.
시간이야말로 인생을 형성하는
재료이기 때문이다.

_벤저민 프랭클린

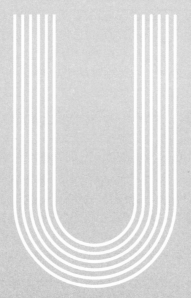

아주 짧은 시간을 우리는 '순간'이라 불러. '순간'이 의미를 갖는 이유는 이 짧은 시간에도 나와 세상의 일부가 동기화 혹은 교감이 이뤄지기 때문이야. 동기화하면서 '순간'에 세상의 '그' 또는 '그것'이 '너'라는 의미로 바뀌는 거지. 길가의 꽃을 바라보면서 그 꽃이 평소의 '그것'이 아닌 '너'가 되고, 그 순간 우리는 물질이 아닌 빛으로서의 꽃을 바라보게 돼. 살면서 만나는 여러 순간 속에서 '그것', '그'라는 존재들이 '너'라는 존재로 바뀌고, 이렇게 바뀐 너는 그리움이 되어 우리를 기다림으로 이끌지. 그렇기에 우리의 기억은 순간들로 이루어져 있어. 어쩌면 우리가 여행하는 까닭은 일상을 넘어선 새로운 공간에서 자연스레 많은 순간을 마주할 수 있기 때문일지도 몰라.

가슴 벅차고 아름다운 순간들을 많이 만들어보렴. 그리워할 순간을 많이 만들고, 그 순간들 사이에 그리워할 순간들을 더 많이 끼워 넣어서 온 시간을 그리움으로 채워보렴. 그러다 보면 어느 순간 이 오랜 슬픔이 멈출지도 모르잖아.

사람들은 시간에 대해 이렇게 말한다.
"인생은 짧기에 시간을 아껴서 소중히 써야 한다. 시간을 효율적으로 유용하게 쓸 때 인생을 지배할 수 있다."

아빠가 전해주는 인생 명언

무엇인가를 할 수 있는 시간이란 찾으려야 찾을 수 없는 것이다. 시간이란 필요하다면 만들어야 하는 것이다.

_찰스 벅스턴

사람의 일생은 한순간의 여유마저 없다. 그런데도 사람들은 영원히 살 것처럼 한순간 한순간을 소홀히 여긴다.

_윌리엄 셰익스피어

시간을 지배할 줄 아는 사람은 인생을 지배할 줄 아는 사람이다.

_에셴바흐

되찾을 수 없는 게 세월이니, 시시한 일에 시간을 낭비하지 말고 순간순간을 후회 없이 잘 살아야 한다.

_장자크 루소

오늘이란 당신의 생각들이 당신을 데려다준 곳이다. 내일은 당신의 생각들이 당신을 데려다줄 곳이다.

_제임스 앨런

인생은 짧다. 그러나 비열하게 지내기에는 너무 길다.
_윌리엄 셰익스피어

짧은 인생은 시간을 낭비함으로써 더욱 짧아진다.
_《탈무드》

인간은 항상 시간이 모자란다고 불평하면서 마치 시간이 무한정 있
는 것처럼 행동한다.
_루키우스 세네카

우리가 진정으로 소유하는 것은 시간뿐이다. 가진 게 달리 아무것
도 없는 이에게도 시간은 있다.
_발타자르 그라시안

내가 헛되이 보낸 오늘 하루는 어제 죽어간 이들이 그토록 바라던
하루다. 단 하루면 인간적인 모든 것을 멸망시킬 수도 있고 다시 소
생시킬 수도 있다.
_소포클레스

시간을 최악으로 사용하는 사람들은 시간이 부족하다고 늘 불평하는 데 일인자다.

_장 드 라브뤼예르

가장 지혜로운 이는 허송세월을 가장 슬퍼한다.

_알리기에리 단테

하루하루가 현명한 사람에게는 새 삶이다. 오늘은 절대로 다시 오지 않는다는 것을 생각하라.

_알리기에리 단테

어떠한 과정에서나 그 성과를 좌우하는 것은 가장 부족한 자원, 즉 시간이다.

_피터 드러커

시간을 비교하자. 이른 아침 한 시간은 오후 늦은 한 시간보다 더 중요하다.

_로버트 슐러

시간을 보석 혹은 생명처럼 귀중히 여겨라.

_로버트 슐러

평범한 사람들은 시간을 어떻게 소비할까 생각하지만, 지성인은 시
간을 어떻게 사용할까 궁리한다.

_아르투르 쇼펜하우어

오늘의 하루는 내일의 두 배 가치가 있다.

_벤저민 프랭클린

그대의 하루하루를 그대의 마지막 날이라고 생각하라.

_호라티우스

시간을 얻는 사람은 만사를 얻는다.

_벤저민 디즈레일리

시간이란 실제로 존재하지 않는다. 현재만이 우리가 가진 유일한 시간이다.

_앤드류 매튜스

오늘을 붙들어라. 되도록 내일에 의지하지 말라. 오늘이 1년 중 최선의 날이다.

_랠프 에머슨

우리가 날마다 멋대로 쓰고 있는 시간이라는 것은 탄력성이 풍부하다.

_마르셀 프루스트

항상 오늘만을 위해 일하는 습관을 만들어라. 내일은 저절로 찾아온다. 그리고 그와 동시에 새로운 내일의 힘도 찾아오는 것이다.

_칼 힐티

과거에 대해 생각하지 말라. 미래에 대해 생각하지 말라. 단지 현재에 살라. 그러면 모든 과거도 모든 미래도 그대의 것이 될 터이니.

_오쇼 라즈니쉬

과거는 이미 존재하지 않고 미래는 아직 닥치지 않았으며 존재하는 것은 오직 현재뿐이다. 현재 안에서만 인간의 영혼에 자유로운 신성이 나타난다.

_톨스토이

지나가버린 아름다운 나날은 또다시 내 앞으로 되돌아오지 않는다.

_알프레드 테니슨

언제나 순간을 놓치지 말라. 어떤 상황이든 어떤 순간이든 그 하나하나가 영원의 표시로, 무한한 가치가 있다.

_요한 볼프강 폰 괴테

장래의 일만 걱정하고 있는 자는 현재의 순간만을 걱정하고 있는 자보다 생각이 깊은 것은 아니다.

_프란츠 카프카

인생은 교향악이다. 인생의 순간들이 합창으로 노래하고 있다.

_로맹 롤랑

선택 · 결단 · 행동 · 실천

어둡다고 불평하는 것보다
촛불을 켜는 게 더 낫다.
고민하는 대신 거기 언제나
무엇인가 할 수 있는 일이 있다.

_아잔 브라흐마, 《술 취한 코끼리 길들이기》

누군가가 "세상에서 가장 큰 슬픔이 무엇일까?"라고 묻는다면, 아빠는 주저 없이 후회라고 답할 거야. 과거의 잘못된 선택은 머릿속에 자리 잡은 채 시도 때도 없이 튀어나와 마음을 괴롭히지. 그렇기에 선택할 때마다 한 번 더 나 자신에게 묻곤 해. 이 선택을 하고 나서 후회하지 않을 자신이 있는지, 이 선택이 잘못된 것이어도 후회하지 않고 받아들일 자신이 있는지를 말이야.

가끔 눈을 꾹 감은 채로 아무 선택지나 고르고 싶기도 하지. 이는 잘못된 걸 선택했을 때 느껴질지도 모를 죄책감을 줄이기 위해서일 거야. 하지만 그렇게 하는 것은 너무 나약해 보이고 심지어 불쌍해 보이기까지 하지. 언젠가 시간이 지나면, 잘된 선택뿐 아니라 잘못된 선택을 하는 그 모습도 멋있어 보일 거야. 어쩌면 선택 그 순간의 감정과 느낌을 마주하기 위해 우리는 이 삶을 살아가는지도 모를 일이잖아.

사람들은 선택에 대해 이렇게 말한다.

"선택은 피할 수 없는 것이다. 따라서 때가 되면 주저 없이 선택해야 하고, 한 번 선택하면 그 방향으로 힘차게 나아가야 한다."

아빠가 전해주는 인생 명언

당신의 운명이 결정되는 것은 결심하는 그 순간이다.
_앤서니 라빈스

두 가지 사업을 두고 무엇을 할 것인가 망설이는 사람은 결국 아무 일도 하지 못한다.
_윌리엄 위즈위스

인생에서 하는 것을 얻기 위한 첫 번째 단계는 내가 무엇을 원하는지 결정하는 거다.
_벤 스타인

세상에는 너무 지나치게 쓰면 안 되는 것이 세 가지 있다. 그것은 빵의 이스트, 소금, 망설임이다.
_《탈무드》

자신이 할 일은 어떠한 일이 있더라도 주저하지 말라. 한 번 결심한 일은 바로 해치워야 한다.
_벤저민 프랭클린

충분히 생각하라. 하지만 때가 왔을 때는 과감히 행동하라.

_나폴레옹

사람들은 말만 하면서 에너지를 낭비한다. 우리는 결과를 가져오는
행동을 해야 한다.

_플로렌스 나이팅게일

행동으로 옮겨진 생각이 그 생각 자체보다 중요하다.

_붓다

말이 아니라 실천으로 자신의 가치를 드러내야 한다.

_발타자르 그라시안

인생의 지혜는 계획과 실천을 적절히 조화시키는 일에 달려 있다.

_발타자르 그라시안

세상을 움직이려면 먼저 우리 자신을 움직여야 한다.

_소크라테스

믿음과 실천은 다른 얘기이다. 많은 사람은 바다처럼 얘기하지만 그들의 삶은 늪처럼 정체되어 있다.

_칼릴 지브란

행동하는 것이 중요하다. 아는 것으로 그쳐서는 안 된다. 응용해야 한다. 하려는 마음만으로 그쳐서는 안 된다. 해야 한다.

_레오나르도 다 빈치

아무리 뛰어난 의견일지라도 머릿속에 떠오르는 것만으로는 아무 소용이 없다.

_프란츠 카프카

생각하는 것은 쉽고, 행동하는 것은 어렵다. 세상에서 가장 어려운 것은 그 생각을 행동으로 옮기는 일이다.

_요한 볼프강 폰 괴테

하면 할수록 더 할 수 있다.

_윌리엄 해즐릿

아이디어를 내는 데 1의 노력이 든다면, 그것을 계획하는 데는 10의 힘이, 실천하는 데는 100의 에너지가 든다.

_이치무라 기요시

우리에겐 두 가지 종류의 도덕이 나란히 존재한다. 하나는 입으로 외치며 실천하지 않는 것이고, 다른 하나는 실천하지만 좀처럼 외치지 않는 것이다.

_버트런드 러셀

인생 최대의 죄악은 옳은 걸 알면서도 행동하지 않는 것이다.

_마틴 루터 킹

정의 · 본질 · 지혜 · 고귀함
선 · 선의 · 진실 · 정직

눈동자로 상대방의 마음을 읽어라.
눈은 마음의 창이다.

_발타자르 그라시안

인간이 세상을 산다고 하여 세상이 인간을 위해 모든 것을 맞춰 줘야 할 이유는 없어. 그렇기에 형평성이 결여된 세상은 우리에게 잔혹하게 다가온다는 것을 아빠도 잘 알아.

하지만 인간과 인간 사이의 문제라면 그래서는 안 되는 것 아닐까? 인류의 역사가 수백만 년이 되었다는데, 그 오랜 시간 동안 인간이 선(善)과 정의의 중요성과 고귀함에 대해서 수없이 이야기해왔음에도 우리 모습은 왜 이토록 비루한 것일까.

악해 보이지는 않지만 탐욕스러운 사람이 너무 많고, 탐욕스럽지는 않아 보이지만 거짓된 사람이 너무 많아. 이제는 악하고 탐욕스럽고 거짓된 사람을 만나는 것이 운 없는 게 아니라, 참되고 진실한 사람을 만나는 것이 운 좋은 게 돼버렸지. 이제는 탐욕스러운 사람, 거짓된 사람, 악한 사람, 그들이 정말로 이 세상에서 사라져줬으면 좋겠어.

사람들은 선에 대해 이렇게 말한다.
"선은 마주하기 힘든 것이다. 그럼에도 언제나 선을 추구해야 하고 악을 멀리해야 한다."

아빠가 전해주는 인생 명언

눈은 어느 곳에서나 하나의 언어를 갖는다.

_조지 허버트

우리는 스스로 진실한 가치에 의해 뜻있는 사람들의 인정을 받고,
운에 의해 세상의 인정을 받는다.

_프랑수아 드 라로슈푸코

수천 가지의 악 속에서도 단 한 가지 있을지 모를 선을 찾아내는 사
람이 되라.

_발타자르 그라시안

습관적으로 악한 마음을 품는 사람과는 일절 교제하지 말라.

_발타자르 그라시안

착한 뜻을 가진 사람은 결점이 드러나도 누구 하나 손가락질하지
않는다.

_발타자르 그라시안

선은 초조하지 않다. 구김살이 없다. 움츠러들지 않는다. 선은 유유
하다. 명랑하다. 자유롭다.
_《법구경》

선 보기를 목마른 듯이 하고, 악 보기를 눈먼 사람같이 하라.
_강태공

다른 사람에게 거짓말을 많이 하다 보면 자신에게도 거짓말을 하게
된다.
_프랑수아 드 라로슈푸코

깊고 무서운 진실을 말하라. 자기가 느낀 바를 표현하는 데 결코 주
저하지 말라.
_칼 힐티

거짓은 노예와 군주의 종교다. 진실은 자유로운 인간의 신이다.
_막심 고리키

진실을 사랑하면 천국에서는 물론이고 이 땅에서도 보답받는다.

_프리드리히 니체

거짓말쟁이는 두 가지 점에서 피해를 본다. 그는 남을 믿지 못하고, 다른 사람들도 그를 믿지 않는다는 것이다.

_발타자르 그라시안

중대한 일은 간단하게 표현하는 것으로 충분하다. 과장함으로써 오히려 그 가치를 잃는다.

_장 드 라브뤼에르

자신의 약점이나 모자란 점을 감추기보다는 있는 그대로 드러낼 용기를 가진 이에게 결국 길이 열릴 것이다.

_이드리스 샤흐

진리는 우리에게 신념을 줄뿐더러 진리를 구한다는 사실이 우리에게 무엇보다 마음의 평화를 준다.

_블레즈 파스칼

그 누구도 진실을 이길 수 없다.

_발타자르 그라시안

진리를 사랑하는 법을 배우고, 진리를 생명의 불가결한 요소로 느끼기 위해서는 비상한 각오가 필요하다.

_헤르만 헤세

아름다운 외모보다 착한 마음이 더욱 고귀하다. 형식보다 내용이 더 중요한 것이다.

_발타자르 그라시안

아름다운 의지나 용기 혹은 지혜 같은 내면적 자질을 통해 행복과 만날 수 있다.

_발타자르 그라시안

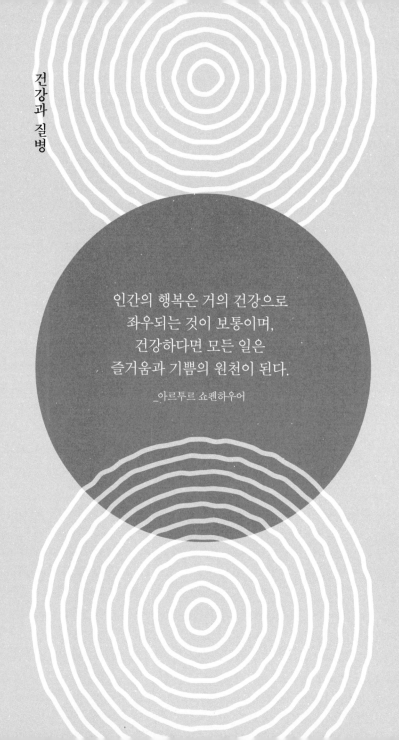

건강과 질병

인간의 행복은 거의 건강으로
좌우되는 것이 보통이며,
건강하다면 모든 일은
즐거움과 기쁨의 원천이 된다.

_아르투르 쇼펜하우어

아무리 강한 의지일지라도 종이에 베인 손가락 통증만으로 사그라질 수 있으며, 문턱에 부딪힌 발가락 고통만으로 인생 괴로움이 한순간 잊힐 수 있어. 하물며 이보다 더한 질병이 몸과 마음에 끼치는 고통이야 상상을 초월하겠지. 질병은 고통과 더불어 내 몸인데도 스스로 통제할 수 없다는 절망감을 불러온다. 자신감과 자존심에 큰 상처를 주기도 하고.

마음이 지친 상태에서 일하는 것만도 힘든데, 거기에 몸까지 아프다면 정말 모든 걸 다 포기하고 싶단다. 항상 건강의 신이 너와 함께하기를.

사람들은 건강에 대해 이렇게 말한다.
"건강이 그 무엇보다 중요하다."

아빠가 전해주는 인생 명언

건강한 신체에 건강한 정신.

_유베날리스

제일의 부는 건강이다.

_랠프 에머슨

건강이 있는 곳에 자유가 있다. 건강은 모든 자유 가운데 으뜸이다.

_헨리 프레드릭 아미엘

건강은 행복의 어머니이다.

_프란시스 톰슨

건강과 지성은 인생의 두 가지 복이다.

_메난드로스

건강의 유지는 하나의 의무이다.

_허버트 스펜서

자신의 건강을 살펴보라. 건강하다면 신을 찬양하고 건강의 가치를 양심 다음으로 높게 치라. 건강은 필멸의 존재인 우리 인간에게 주어진 제2의 축복이자 돈으로 살 수 없는 복이니.

_아이작 월튼

건강이 배움보다 더 가치 있다.

_토머스 제퍼슨

정신적 자각의 첫 단계는 몸을 통해 성취해야 한다.

_조지 시한

기분이 우울하면 걸어라. 그래도 여전히 우울하면 다시 걸어라.

_히포크라테스

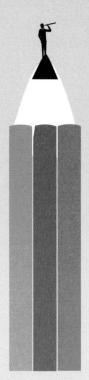

통찰력 · 지혜 · 영혼과의 대화
생각 · 사색 · 명상 · 직관

그대 자신의 영혼을 탐구하라. 다른 누구에게도 의지하지 말고 오직 그대 혼자 힘으로 하라. 그대의 여정에 다른 이들이 끼어들지 못하게 하라. 이 길은 그대만의 길이요, 그대 혼자 가야 할 길임을 명심하라. 비록 다른 이들과 함께 걸을 수는 있으나 다른 누구도 그대가 선택한 길을 대신 가줄 수 없음을 알라.

_인디언 속담

일 하나가 끝나기 무섭게 다음 할 일이 들이닥치는 그런 분주한 삶을 살면서 생각할 시간이 있다는 것은 행운일지도 몰라. 길지 않은 삶을 살면서 일만 하다 가는 건 아쉽고 슬픈 일이겠지.

대학에 합격하고 나서 처음으로 한 일은 공사장 막일이었어. 아빠 아버지의 삶은 어떠했는지, 그리고 당신은 날 어떻게 키웠는지 알고 싶었지. 온종일 입에 단내가 나도록 일하고는 귀가하여 온몸에 파스를 붙이고 누워 있자니 눈물이 났어. 아버지의 인생에는 이것저것 생각할 시간이 없었더라. 빠듯하게 쉼 없이 일해야 하는 것이 아버지의 삶이었지. 그리고 아버지의 빼앗긴 사색의 시간은 이제 유산이 되어 아들인 아빠의 사색의 시간이 되었구나.

사색을 통해 자신의 영혼과 마주한다는 것은 큰 행운이야. 조용히 눈을 감고 내면을 바라보면 세상을 만들어가는 자신을 만날지도 몰라. 시간과 공간이라는 세상 속에 머물러 있는 자신이 아니라, 시간과 공간이 머물다 가는 자신을 마주하게 될지도 몰라. 포레스트 컴프가 왜 인생은 초콜릿 상자와 같다고 했는지, 왜 운명과 우연은 그토록 닮아 보이는지 알 수 있을지도 모르지.

사람들은 생각에 대해 이렇게 말한다.
"생각이라는 창을 통해 자신의 영혼 그리고 세상과 통할 수 있으니, 걷다가도 시간을 내어 잠시 생각해야 한다."

아빠가 전해주는 인생 명언

네가 세상에 태어났을 때, 너는 울었고 세상은 즐거워했다. 네가 죽었을 때, 세상은 울고 너는 기뻐할 수 있도록 너의 삶을 살아라.
_인디언 속담

나는 진리를 위한 나의 운명과 임무가 나를 이끌고 가는 곳이라면 어디라도 따라갈 것이다.
_칼릴 지브란

우리는 젊을 때 배우고, 나이가 들어서 이해한다.
_에센바흐

당신의 인생을 스스로 설계하지 않으면 다른 사람의 계획에 빠져들 가능성이 크다. 남들이 당신을 위해 계획해놓은 것은 많지 않다.
_짐 론

새로운 걸 보는 것만이 중요한 게 아니다. 모든 것을 새로운 눈으로 보는 게 정말 중요하다.
_프란체스코 알베로니

영혼이 깃든 청춘은 쉽게 사라지지 않는다.

_《탈무드》

세상의 비밀을 풀어나갈 수 있는 것은 사색의 힘이다.

_발타자르 그라시안

생각이야말로 진정한 힘이다. 생각은 에너지다.

_앤드류 매튜스

가슴으로 물어라. 그러면 가슴에서 나오는 대답을 듣게 될 것이다.

_인디언 속담

최고의 솜씨는 사물들의 가치를 제대로 알아보는 데 있다.

_프랑수아 드 라로슈푸코

너는 안이하게 살고자 하는가? 그렇다면 항상 군중 속에 머물러 있
으라. 그리고 군중에 섞여 너 자신을 잃어버려라.

_프리드리히 니체

산다는 건 서서히 태어나는 것이다.

_앙투안 드 생텍쥐페리

다른 사람의 마음속에 무슨 일이 일어나고 있는지를 몰라서 불행해
지는 경우는 거의 없다. 그러나 자기 마음의 움직임을 간과하는 자
는 반드시 불행에 빠질 것이다.

_마르쿠스 아우렐리우스

천재란 다름 아닌, 본질에 대해 자신이 있고 그것을 완전한 경지에
도달한 기법으로 만들어내는 이를 말한다. 본질적인 인간을 가리키
는 말이다.

_오귀스트 로댕

인생은 될 대로 되는 게 아니라 생각대로 되는 것이다. 어떤 마음을
먹느냐에 따라 모든 것이 결정된다. 사람은 생각하는 대로 산다. 생
각하지 않고 살아가면 살아가는 대로 생각한다.

_조엘 오스틴

귀 기울여라, 너의 혀가 너를 귀머거리로 만들기 전에.

_인디언 속담

독서는 다만 지식의 재료를 줄 뿐이다. 자기 것으로 만드는 게 사색의 힘이다.

_존 로크

지식은 사람에게 필요한 무기다. 그러나 무기를 잘못 쓰면 도리어 자신을 해하듯 지식도 진실의 밑받침이 없으면 오히려 몸을 망치기 쉽다.

_요한 페스탈로치

긍정과 기적에 대한 믿음

인생을 살아가는 데는
오직 두 가지 방법뿐이다.
하나는 아무것도 기적이 아닌 듯,
다른 하나는 모든 것이 기적인 듯
살아가는 것이다.

_알베르트 아인슈타인

형평성과 정의가 결여된 세상임에도 긍정과 기적에 대한 믿음으로 살아야 한다는 걸 혐오했던 적이 있어. 슬프고 잔인한 세상, 정의롭지 못하고 형평성이 결여된 세상, 그 세상의 모습을 꾸밈없이 바라봐야 한다고 생각했었지.

그런 생각에 변화가 생긴 것은 군대 훈련소에서였단다. 무릎을 다친 채로 완전군장 행군을 해야 했지. 행군을 위해 일어서는 순간 느껴진 극심한 무릎 통증은 행군할 수 없다는 두려움이 되었지. 하지만 한 걸음, 한 걸음 힘든 걸음을 이어 나갔단다. 한참을 걸으니 신기하게도 무릎 통증이 거의 느껴지지 않았어. 통증을 줄이는 마약 같은 진통제가 몸에서 분비되었기 때문이야. 그날, 하늘에 떠 있는 별도 쳐다보면서 행군을 무사히 마칠 수 있었지.

삶은 늘 엄중하단다. 하지만 그 삶의 무게가 너무 무거워 인생길 끝까지 도달하는 건 쉽지 않기에, 긍정적인 생각과 기적에 대한 믿음을 갖고 묵묵히 한 걸음, 한 걸음 걷는 것도 괜찮을 거 같아.

사람들은 긍정에 대해 이렇게 말한다.

"어차피 긍정과 비관 중 하나를 선택해야 한다. 세상은 긍정적인 사람에게는 긍정적일 것이고, 비관적인 사람에게는 비관적일 것이다."

아빠가 전해주는 인생 명언

비관론자들은 모든 기회에 숨어 있는 문제를 보고, 낙관론자들은 모든 문제에 감추어져 있는 기회를 본다.

_데니스 웨이틀리

비관론자는 대체로 옳고, 낙관론자는 대체로 그르다. 그러나 대부분의 위대한 변화는 낙관론자가 이룬다.

_토마스 프리드만

낙관주의자는 장미에서 가시가 아니라 꽃을 보고, 비관주의자는 꽃을 망각하고 가시만 쳐다본다.

_칼릴 지브란

나로 말할 것 같으면 긍정주의자인데, 다른 주의자가 되어봤자 별 쓸모가 없기 때문이다.

_윈스턴 처칠

알맞을 때 일어나서 즐거운 일을 유쾌하게 하러 가자.

_윌리엄 셰익스피어

길을 가다가 돌이 나타나면, 약자는 그것을 걸림돌이라고 말하고
강자는 그것을 디딤돌이라고 말한다.

_토머스 칼라일

세상은 그대의 의지에 따라 그 모습이 변한다. 같은 상황에서도 어떤
사람은 절망하고 어떤 사람은 여유 있는 마음으로 행복을 즐긴다.

_발타자르 그라시안

우주의 기운은 자력과 같아서 우리가 어두운 마음을 지니고 있으면
어두운 기운이 몰려온다. 그러나 밝은 마음을 지니고 긍정적이고
낙관적으로 살면 밝은 기운이 밀려와 우리의 삶을 밝게 비춘다.

_법정 스님

세계는 비참한 사람에게만 비참하고 공허한 사람에게만 공허하다.

_아르투르 쇼펜하우어

걱정 없는 인생을 바라지 말고, 걱정에 물들지 않는 연습을 하라.

_알랭

자기의 인생과 남들의 인생이 무의미한 것이라고 생각하는 이는 불행한 사람이요, 인생에 대한 준비가 되어 있지 않은 사람이다.

_알베르트 아인슈타인

냉소하는 자는 모든 것의 가격은 알고 있지만 아무런 것의 가치도 알지 못하는 인간이다.

_오스카 와일드

마술은 자기 마음에 있다. 마음이 지옥을 천국으로 만들 수도 있고, 천국을 지옥으로 만들 수도 있다. 자기 마음을 지옥으로 만들고 싶은 사람은 아마 없을 것이다. 마음을 천국으로 만들고 싶은 이들이여! 자기 마음속에 마술을 부려 즐겁고 찬란한 하루를 만들자.

_토머스 에디슨

당신이 할 수 있다고 믿든 할 수 없다고 믿든, 믿는 대로 될 것이다.

_헨리 포드

태양을 바라보고 살아라. 너의 그림자를 못 보리라.

_헬렌 켈러

지혜로운 사람은 별것 아닌 듯한 일에서도 의미를 찾아내어 그걸 자기 방식으로 재해석할 줄 안다. 그렇기에 상황이 좋으면 좋은 대로, 안 좋아지면 또 그런대로 흐름을 탈 줄 아는 것이다.

_발타자르 그라시안

시
작

인생이 끝나길
두려워하지 말라.
당신의 인생이
시작조차
하지 않을 수 있음을
두려워하라.

_그레이스 한센

누구나 어떻게 하면 성공할 수 있을지, 자신이 무엇을 해야 하는지 어렴풋이 알고 있을 거야. 성공, 성취 등 이런 것들이 멀게만 느껴지는 건 그게 어떻게 생겼는지 몰라서가 아니라, 그것들을 삶으로 끌어들이지 못해서 일지도 모르겠구나.

시작은 어떻게 시작되는 것일까? 무언가를 시작하는 내 모습을 되돌아보면, 시작의 그 순간은 나의 감성과 이성이 아닌 다른 것에 의해 더 큰 영향을 받은 건 아닌가 하는 생각이 들어. 감성과 이성을 가지고 문제를 해결하려 할 때 앞으로 무슨 일이 있을지 한참 고민하다 보면, 인생을 이끄는 것 같은 어떤 힘이 돌연 나타나서는 혼자서 '응, 이렇게 하자' 결정하고는 떠나버리지. 그 순간 감성과 이성은, 그 일은 원래 자기가 하는 일이 아니고 저 친구가 하는 일이라는 듯 뒤에서 지켜보다가 그 친구가 결정하고 떠나가면, '응, 그래' 하고는 함께 사라지지. 감성과 이성의 역할은 시작할 때 밀려오는 두려움에 대한 자기 위안 아닐까?

역시 답은 한 가지일 거야. 지금 바로 시작하는 것!

사람들은 시작에 대해 이렇게 말한다.
"시작이라는 것은 힘든 건데, 일단 시작하면 성공과 행복을 얻을 문이 열린다. 그래서 시작은 지금 바로 해야 한다."

아빠가 전해주는 인생 명언

해야 한다면 바로 하라. 이것은 성공을 위한 조언이다. 미루는 습관을 고치는 유일한 방법은 일이 있는 그때 즉시 몸을 움직여서 하는 것이다. 1분씩 자꾸 미루다 보면 그 일을 처리하기 힘든 시간이 1분씩 늘어가는 것과 같다.

_수춘리

일이란 일단 착수하기만 하면 모든 의구심은 깨끗이 사라져버린다.

_프란츠 카프카

지금이야말로 일할 때다. 지금이야말로 싸울 때다. 지금이야말로 나를 더 훌륭한 사람으로 만들 때다. 오늘 그것을 못 하면 내일은 그것을 할 수 있는가?

_토마스 아켐피스

지금 이 순간에 그대의 행동을 다스려라. 순간의 일이 그대의 먼 장래를 결정한다. 오늘 즉시 한 가지 행동을 결정하라.

_라이너 마리아 릴케

시작하는 데 나쁜 시기란 없다.

_프란츠 카프카

가치 있는 목표를 향한 움직임을 개시하는 순간 당신의 성공은 시
작된다.

_찰스 칼슨

그 누구도 과거로 돌아가서 새롭게 시작할 순 없지만, 지금부터 시
작해서 새로운 끝을 맺을 순 있다.

_카를 바르트

인생을 바꾸려면 지금 당장 시작하여 대담하게 실행하라. 예외란
없다.

_윌리엄 제임스

꿈과 희망 · 상상력

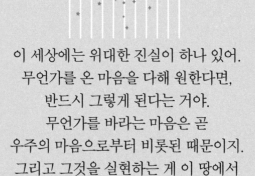

이 세상에는 위대한 진실이 하나 있어.
무언가를 온 마음을 다해 원한다면,
반드시 그렇게 된다는 거야.
무언가를 바라는 마음은 곧
우주의 마음으로부터 비롯된 때문이지.
그리고 그것을 실현하는 게 이 땅에서
자네가 맡은 임무라네.

_파울로 코엘료, 《연금술사》

삶이라는 무거운 짐을 등에 얹고 묵묵히 걸어 나아가지. 짊어진 짐 때문에 입이 바짝 타고 등에 땀이 흐르지만 우리는 그 짐을 지고 계속 나아가야 해. 우리에겐 가야 할 곳이 있으니까. 그곳에 도착할 수 있을지, 아니면 도착할 수 없을지 모르지만 묵묵히 앞으로 나아가는 거지.

그곳에 도착하면 짊어진 짐이 새털처럼 가벼워질지도 몰라. 그곳에 도착하면 우리가 바라던 모든 것이 솜사탕처럼 우리 앞에 펼쳐질지도 몰라. 그곳에 도착하면 우리가 생각하지 못했던 그런 것들이 우리를 반겨줄지도 몰라.

그렇기에 무거운 짐을 지고도 묵묵히 앞으로 가야만 하는 거겠지. 아니 어쩌면 꿈꾸는 지금 이 순간, 이미 그 꿈은 우리의 미래가 되어 삶으로 들어왔을지도 몰라.

사람들은 꿈과 희망에 대해 이렇게 말한다.
"꿈과 희망이 힘든 현실 속에서도 인간을 살게 한다. 아름다운 미래를 만들며, 그 미래로 데려다준다."

아빠가 전해주는 인생 명언

오랫동안 꿈을 그리는 사람은 마침내 그 꿈을 닮아간다.

_앙드레 말로

태양은 결코 이 세상을 어둠이 지배하도록 놔두지 않는다. 태양은
밝음을 주고 생명을 주고 따스함을 준다. 태양이 있는 한 절망하지
않아도 된다. 희망이 곧 태양이다.

_어니스트 헤밍웨이

사막이 아름다운 것은 어딘가에 샘이 숨겨져 있기 때문이다.

_앙투안 드 생텍쥐페리

우리는 지평선 너머에 더 나은 삶, 더 나은 세상이 있다는 희망, 믿
음, 확신을 항상 고수해왔다.

_프랭클린 루즈벨트

늙어서 꿈을 저버리는 것이 아니다. 꿈을 저버리기 때문에 늙는 것
이다.

_가브리엘 가르시아 마르케스

꿈을 품어라. 꿈이 없는 사람은 아무런 생명력도 없는 인형과 같다.

_발타자르 그라시안

당신이 배를 만들고 싶다면, 사람들에게 목재를 가져오게 하고 일을 지시하고 일감을 나눠주는 일을 하지 말라. 그 대신 그들에게 저 넓고 끝없는 바다에 대한 동경심을 키워줘라.

_앙투안 드 생텍쥐페리

우리 모두 사실주의자가 되자. 그러나 가슴속엔 불가능한 꿈을 가지자.

_체 게바라

상상력은 지식보다 중요하다.

_알베르트 아인슈타인

보이지 않는 과녁은 맞힐 수 없으며, 이미 존재하지 않는 목표는 볼 수 없다.

_지그 지글러

생각하는 것이 인생의 소금이라면 희망과 꿈은 인생의 사탕이다.
꿈이 없다면 인생은 쓰다.

_바론 리튼

사람의 마음은 자석과 같아서 생각하는 것을 끌어당기는 힘을 가진
다. 원하는 것을 끊임없이 생각하고 또 생각하라. 그렇게 하면 그대
로 이룰 것이다.

_앤드류 매튜스

그대의 가치는 그대가 품고 있는 이상에 의해 결정된다.

_발타자르 그라시안

비전이 없는 곳에서 사람들은 무너진다.

_솔로몬

꿈꿀 수 있다면, 그것을 실현할 수도 있다. 이 모든 것이 생쥐 한 마
리에서 시작되었다는 것을 항상 기억해라.

_월트 디즈니

상상할 수 있는 모든 것은 현실이 될 수 있다.

_피카소

당신의 상상력은 당신이 살게 될 멋진 인생을 미리 알려주는 영화
의 예고편과 같다.

_알베르트 아인슈타인

미래를 창조하기 위해서 꿈만 한 것은 없다.

_빅토르 위고

당신이 무언가를 간절히 소망하고 원하면 온 우주가 그 일이 일어
나도록 도와준다.

_랠프 에머슨

자신에 대한 믿음
자신감·자존감·자신의 가치

홀로 행하고 게으르지 말며,
비난과 칭찬에도 흔들리지 말라.
소리에 놀라지 않는 사자처럼,
그물에 걸리지 않는 바람처럼,
흙탕물에 더럽히지 않는 연꽃처럼
무소의 뿔처럼 혼자서 가라.

_《수타니파타》

언젠가 깨달은 게 있어.

내 주변에 많은 사람이 있다고 해도, 그 사람들은 나와 같은 길을 가는 것일 뿐 내 길을 가는 것은 결국 나 자신뿐이라는 사실. 가족이나 아주 친한 사람이면 모를까, 다른 사람들이 나에게 그리 신경 쓰지 않는다는 사실. 그렇기에 나라도 나를 사랑해주지 않으면, 세상에 아무도 나를 사랑해주지 않을 수도 있다는 사실.

나를 믿고, 나를 사랑하자.

사람들은 자신감에 대해 이렇게 말한다.

"스스로 자신을 존경하고 사랑해야 다른 사람 또한 나를 사랑하고 존경한다. 그렇기에 자신을 믿으며 당당히 앞으로 나가야 한다."

아빠가 전해주는 인생 명언

당신에게 제일 어울리는 색깔이 세상에서 가장 아름다운 색깔이다.

_가브리엘 샤넬

자신을 존중하는 사람은 타인으로부터 안전하다. 그는 누구도 뚫을 수 없는 갑옷을 입고 있기 때문이다.

_헨리 롱펠로

할 수 있다고 믿는 사람은 그렇게 되고, 할 수 없다고 믿는 사람 역시 그렇게 된다.

_샤를 드골

자기 자신에 대한 신뢰는 다른 사람들에 대한 신뢰의 대부분을 낳는다.

_프랑수아 드 라로슈푸코

자신이 해야 할 일을 결정하는 사람은 세상에서 단 한 사람, 오직 나 자신뿐이다.

_오손 웰스

자신의 능력을 믿어야 한다. 그리고 끝까지 굳세게 밀고 나아가라.
_로잘린 카터

스스로 자신을 존경하면 다른 사람도 그대를 존경할 것이다.
_공자

나 자신에 대한 자신감을 잃으면, 온 세상이 나의 적이 된다.
_랠프 에머슨

자신감 있는 표정을 지으면 자신감이 생긴다.
_찰스 다윈

자심감을 잃지 말라. 자기를 존중할 줄 아는 사람만이 다른 사람을
존중할 수 있다.
_아르투르 쇼펜하우어

모든 사람의 충고대로 집을 짓는다면 삐뚤어진 집을 짓게 될 것이다.
_덴마크 속담

자신을 존중하는 사람은 타인으로부터 안전하다. 그는 누구도 뚫을 수 없는 갑옷을 입고 있기 때문이다.

_헨리 롱펠로

자신은 할 수 없다고 생각하는 동안은 사실 그걸 하기 싫다고 다짐하고 있는 것이다. 따라서 그것은 실행되지 않는다.

_바뤼흐 스피노자

그대의 가장 좋은 친구는 바로 자기 자신이다.

_발타자르 그라시안

어떠한 상황에 처하더라도 자신감을 잃지 말라. 자신감은 그대를 더욱 당당하게 만든다.

_발타자르 그라시안

타인에게 존경받고 싶으면 먼저 자기 자신을 존경하는 것, 즉 자존감을 가져야 하는 것이다.

_발타자르 그라시안

화살을 만드는 사람은 화살을 깎아서 바르게 만들고, 물 위에서 사는 사람은 배를 조종한다. 목수는 나무를 조종하고, 현명한 사람은 자신을 조종할 수 있다.

_《법구경》

자신을 믿는 사람은 자신의 약점을 극복할 줄 안다. 나아가 주위의 모든 것을, 운명의 별자리까지도 자신에게 유리한 쪽으로 움직인다.

_발타자르 그라시안

남들이 당신을 어떻게 생각할지 너무 걱정하지 말라. 남들은 당신에 대해 그리 많은 생각을 하지 않는다. 당신이 동의하지 않는 한, 이 세상 누구도 당신이 열등하다고 느끼게 할 수 없다.

_프랭클린 루즈벨트

가장 중요한 것은 나의 내부에서 빛이 꺼지지 않도록 노력하는 일이다. 안에 빛이 있으면 스스로 밖이 빛나는 법이다.

_알베르트 슈바이처

칭찬받거든 "감사합니다" 하고 그저 받아들여라. 성공하기 위해, 자신의 가치를 제일 먼저 깨달을 필요가 있다.

_앤드류 매튜스

너의 길을 가라. 남들이 뭐라 하든지 내버려두라.

_알리기에리 단테

자신감은 성공으로 이끄는 제1의 비결이다.

_토머스 에디슨

자기 신뢰가 성공의 제1 비결이다.

_랠프 에머슨

자기 불신은 우리가 실패하는 대부분의 원인이다.

_어니스트 헤밍웨이

당신 자신을 믿어라. 그러면 그 무엇도 당신을 막지 못할 것이다.

_에밀리 케이

나는 중요한 슛을 놓친 결과에 절대 개의치 않는다. 그 결과에 대해 생각하면 언제나 부정적인 결과만 생각하게 된다.

_마이클 조던

고개를 떨구지 말고 세상을 똑바로 바라보라.

_헬렌 켈러

언어·소통·교감
말·대화·침묵

물고기는 언제나 입으로 낚인다.
인간 역시 입으로 걸린다.

_《탈무드》

말을 하기 전에 세 번의 기회가 주어진다고 해. 머리에서 한 번, 가슴에서 한 번, 입에서 한 번.

삶을 살수록 할 수 있는 말보다 해서는 안 될 말이 훨씬 많음을 알게 돼. 말을 안 하고 후회하는 경우보다 말하고 후회하는 경우가 더 많다는 것을 알게 되지.

거짓을 표현하기에 가장 쉬운 방법이 말이지만, 그만큼 자신의 진심을 드러내며 진실을 표현하기에 가장 좋은 방법도 말일 거야. 어리석음이 드러나기에 가장 쉬운 방법이 말이지만, 현명함을 보여주기에 가장 좋은 방법도 말일 거야.

사람들은 말에 대해 이렇게 말한다.

"말에는 마법 같은 힘이 있어서 많은 것을 이뤄낼 수 있다. 하지만 현명하고 지혜롭게 말할 수 없다면 침묵하는 게 낫다."

아빠가 전해주는 인생 명언

모든 사람에게 너의 귀를 주어라. 그러나 너의 목소리는 몇 사람에게만 주어라.

_윌리엄 셰익스피어

침묵하라. 아니면 침묵보다 더 가치 있는 말을 하라. 쓸데없는 말을 하느니 차라리 진주를 위험한 곳에 던져라. 많은 단어로 적게 말하지 말고 적은 단어로 많은 것을 말하라.

_《탈무드》

만 번 말하면 현실로 이루어진다.

_인디언 속담

가장 풍부한 의미를 담고 있는 말은 침묵이다.

_인디언 속담

말을 많이 하면 꼭 필요 없는 말이 섞여 나온다. 원래 귀는 닫도록 만들어지지 않았지만, 입은 언제나 닫을 수 있게 되어 있다.

_인디언 속담

침묵은 자신을 신용할 수 없는 자에게 가장 안전한 재치다.
_프랑수아 드 라로슈푸코

진정한 웅변은 필요한 것을 전부 말해버리지 않고, 필요치 않은 것
을 일절 말하지 않는 데 있다.
_프랑수아 드 라로슈푸코

말은 마음의 초상이다.
_미콜라이 레이

금속은 소리로 그 재질을 알 수 있지만, 사람은 대화를 통해 서로의
존재를 확인해야 한다.
_발타자르 그라시안

남에게 환영받는 사람은 기지(奇智)와 지혜가 풍부한 사람이거나
남의 말을 경청할 줄 아는 사람이다.
_발타자르 그라시안

타인의 말을 잘 들어주는 사람은 파도를 일으키지 않는 조용한 바다와 같다.

_발타자르 그라시안

뛰어난 화술을 갖춘 사람은 상대의 반응에 따라 신중히 말을 고른다.

_발타자르 그라시안

대화할 때의 신중함은 웅변보다 더 중요하다.

_발타자르 그라시안

재치 있게 지껄일 위트도 없고, 그렇다고 해서 침묵을 지킬 만큼의 분별력도 가지지 못한다는 것은 커다란 불행이다.

_장 드 라브뤼예르

사람은 잠자코 있어서는 안 될 경우에만 말해야 한다. 그리고 자기가 극복해온 일들만을 말해야 한다. 다른 것은 모두 쓸데없는 것에 지나지 않는다.

_프리드리히 니체

사람들은 말하는 내용으로 당신을 판단한다.

_발타자르 그라시안

소중한 인생을 아름답게 사는 지혜는 때에 맞는 말에서 비롯된다.

_발타자르 그라시안

하늘의 일은 하늘이 처리하기 때문에 어쩔 수 없지만, 지상에서 벌어지는 일은 언제나 말로부터 비롯된다.

_발타자르 그라시안

한마디 보태어 말할 기회는 얼마든지 있지만, 이미 내뱉은 말을 취소할 만한 기회는 절대 생기지 않는다.

_발타자르 그라시안

인생에서 성공을 A라 한다면, 그 법칙을 $A = X + Y + Z$로 나타낼 수 있다. X는 일, Y는 노는 것이다. 그러면 Z는 무엇인가? 그것은 침묵을 지키는 것이다.

_알베르트 아인슈타인

무릇 사람은 태어날 때 입안에 도끼를 간직하고 나와서는 스스로 제 몸을 찍게 되나니, 이 모든 것은 자신이 뱉은 악한 말 때문이다.
_《법구경》

부드러운 말로 상대를 설득하지 못하는 사람은 거친 말로도 설득할 수 없다.
_안톤 체호프

인간의 입은 하나가 있고, 귀는 두 개가 있다. 이는 말하는 것보다 듣기를 두 배로 하라는 뜻이다.
_《탈무드》

현명한 사람이 되려거든 사리에 맞게 묻고, 조심스럽게 듣고, 침착하게 대답하라. 그리고 더 할 말이 없으면 침묵하라.
_라파엘로 산치오

인간은 생각하는 것이 적으면 적을수록 더욱더 말이 많아진다.
_샤를 몽테스키외

사람들은 자신의 생각을 말하는 일이 자신의 성격을 드러내는 것인데도 의외로 그걸 잘 모르는 눈치다.

_랠프 에머슨

언어란 고향의 소리를 내는 호흡이다.

_프란츠 카프카

행복을 위해서는 침묵으로 충분할뿐더러 침묵이야말로 단 하나의 가능한 일이다.

_프란츠 카프카

깊은 지혜를 갖고 있으면 있을수록 자기 생각을 나타내는 말은 더욱더 단순하게 되는 것이다. 말은 사상의 표현이다.

_톨스토이

우둔한 사람의 마음은 입 밖에 있지만, 지혜로운 사람의 입은 그의 마음속에 있다.

_벤저민 프랭클린

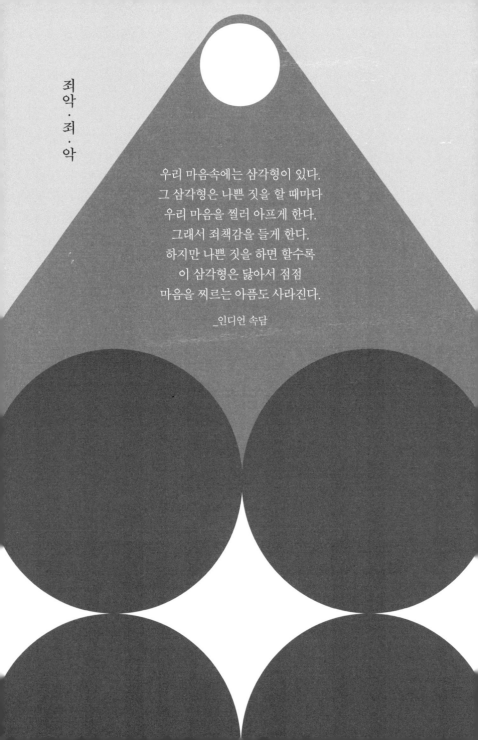

죄악 · 죄 · 악

우리 마음속에는 삼각형이 있다.
그 삼각형은 나쁜 짓을 할 때마다
우리 마음을 찔러 아프게 한다.
그래서 죄책감을 들게 한다.
하지만 나쁜 짓을 하면 할수록
이 삼각형은 닳아서 점점
마음을 찌르는 아픔도 사라진다.

_인디언 속담

죄악은 아주 작은 것에서 싹튼단다. 우발적으로 또는 인위적으로 그것이 나쁜 행동인지, 좋은 행동인지 가늠하기 힘들 정도의 작은 나쁜 행동을 하고, 그런 행동에 대한 죄책감이 무뎌지면 좀 더 큰 나쁜 행동을 하게 되지. 이렇게 몸집을 불려가는 나쁜 행동은 결국 그 주인을 잡아먹고 말아. 영화나 드라마에 등장하는 악마들을 떠올려봐. 처음에는 부드럽게, 인간적으로, 매혹적으로 다가오지만 결국 험한 모습을 드러내며 주인공을 잡아먹지. 그리고 마지막 장면에서 악마는 우리를 향해 음흉한 미소를 지으며 말하지.

"내가 네 옆에 있을지도 몰라."

인간이란 탐욕적이고 나약한 존재야. 그런 우리 인간에 비해 악마는 매혹적이고 강력하지. 하지만 악마에게는 약점이 하나 있는데, 우리 인간이 허락하지 않으면 우리 마음속으로 절대 들어올 수 없다는 것이란다.

사람들은 죄악에 대해 이렇게 말한다.

"죄악은 처음에는 선한 모습을 가장하여 악행임을 눈치채지 못할 정도로 작게 스며든다. 그렇기에 항상 경계하며 처음부터 휘둘리지 말아야 한다."

아빠가 전해주는 인생 명언

악마적인 것은 이따금 착한 척하거나 아예 선으로 변신하기도 한다.

_프란츠 카프카

향수 가게에 들어가서 향수를 사지 않아도 나왔을 때는 향수 냄새
가 나며, 가죽 상점에 들어가서 가죽을 사지 않아도 대단히 나쁜 가
죽 냄새가 몸에 옮겨온다.

_《탈무드》

녹은 쇠에서 생기지만 차차 그 쇠를 먹어버린다. 마찬가지로 마음
이 옳지 못하면 그 마음이 사람을 먹어버린다.

_《법화경》

작은 구멍이 배를 침몰시키고 죄 한 가지가 사람을 파멸시킨다.

_존 번연

악의 열매가 무르익기 전에는 악을 행한 자도 행복할 수 있지만, 무
르익고 나면 결국 그는 불행과 만난다.

_《법구경》

악을 두 번 다시 범하지 말라. 악 속에 즐거움을 누리지 말라. 악의 축적은 견디기 어려운 고통이 되느니. 작은 악이라도 경시하지 말라. 물방울이 비록 작지만 마침내 큰 물병을 채우느니.

_《법구경》

악한 마음으로 말하거나 행동하면, 수레바퀴 뒤에 자국이 따르듯 죄와 괴로움이 따른다.

_《법구경》

악으로 시작한 것은 악에 의해 강화된다.

_윌리엄 셰익스피어

악은 선을 알고 있으나 선은 악을 모른다.

_프란츠 카프카

늑대는 한밤중에 양을 잡아먹지만, 낮에 보면 그것이 범인임을 보여주는 핏자국이 그대로 남아 있다.

_칼릴 지브란

죄는 처음에는 거미집의 줄처럼 가늘다. 그러나 마지막에는 배를 잇는 밧줄처럼 강해진다.
_《탈무드》

죄는 처음에는 손님처럼 겸손하다. 그러나 내버려두면 주인을 내쫓고 스스로 주인이 된다.
_《탈무드》

제아무리 조그만 악이라도 결코 악에 대해서 양보해서는 안 된다.
_마르셀 프루스트

악은 자기 자신이 보기 흉하다는 것을 알고 있다. 그래서 악은 가면을 쓴다.
_벤저민 프랭클린

사악은 언제나 미덕보다 더 쉽다. 왜냐하면 사악은 모든 일에 지름길을 택하기 때문이다.
_존스

그대가 두 가지 악 중 양자택일을 해야 한다면, 비록 노출된 악이 숨겨진 악보다 더 큰 죄악으로 여겨질지라도 두 번째보다는 첫 번째 악을 선택하라.

_칼릴 지브란

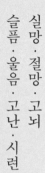

실망 · 절망 · 고뇌
슬픔 · 울음 · 고난 · 시련

나무의 나이테가 우리에게 가르치는 것은
나무는 겨울에도 자란다는 사실입니다.
그리고 겨울에 자란 부분일수록
여름에 자란 부분보다
더 단단하다는 사실입니다.

_신영복,《감옥으로부터의 사색》

모든 슬픔, 고난, 시련은 한꺼번에 다가오는 것 같아. 서로 다른 시간에 찾아올 만도 한데, 언제나 한꺼번에 몰려와 더욱 힘들게 하지.

어떤 이는 세상이란 원래 그런 곳이니 참으라 말해. 어떤 이는 눈물이 없으면 웃음도 없으니 마음껏 울라 말하지. 또 어떤 이는 더 멋진 미래를 위해 잠시 시련을 겪는 것이니 웃으며 고난을 즐기라 말하고. 하지만 절망 상태에서는 그 어떤 말도 들리지 않아. 한순간 찾아온 고통과 슬픔의 본질에 대해 깊이 생각할 만큼 우리는 그다지 이성적이지 않거든.

그토록 애써봤지만 슬픔, 고난, 시련을 이겨낼 방법은 찾을 수 없었어. 마주하게 되면 그저 바라보며 그것들의 생김새를 기억할 뿐. 그리고 다음에 저 멀리 그것들의 모습이 보일라치면 재빨리 도망칠 뿐.

집에 가는 길에 로또나 살 수밖에. 아무래도 행운의 신이 나의 존재를 잊은 것 같은데, 나 아직 여기 있다고 말이라도 해줘야 하지 않을까.

사람들은 고난과 시련에 대해 이렇게 말한다.
"고난과 시련이 나를 강하게 단련하고 결국 더욱 빛나게 할 것이다. 시간이 흐르면 이 또한 지나가게 마련이다."

아빠가 전해주는 인생 명언

이 또한 지나가리라.

_솔로몬

삶이 그대를 속일지라도 슬퍼하거나 노하지 말라. 슬픈 날에 참고
견디라. 즐거운 날은 오고야 말리니.

_알렉산드르 푸시킨

눈에 눈물이 없으면 영혼 위에 무지개가 뜨지 않는다.

_인디언 속담

마찰 없이 보석을 광나게 할 수 없듯, 시련 없이 사람을 완전하게
할 수 없다.

_에이브러햄 링컨

우리에게 겨울이 없다면, 봄은 그토록 즐겁지 않을 것이다. 우리가
이따금 역경을 맛보지 않는다면, 성공은 그토록 환영받지 못할 것
이다.

_앤 브래드스트리트

행복은 몸에 좋다. 하지만 마음의 힘을 길러주는 것은 슬픔이다.

_마르셀 프루스트

당신이 한 번도 두렵거나 굴욕적이거나 상처 입은 적이 없다면, 당신은 아무런 위험도 감수하지 않은 것이다.

_줄리아 소렐

항상 맑으면 사막이 된다. 비가 내리고 바람이 불어야만 비옥한 땅이 된다.

_스페인 속담

슬픔이 그대 삶으로 밀려와 마음을 흔들고 소중한 것을 쓸어가버릴 때면 그대 가슴에 대고 말하라. "이것 또한 지나가리라"라고.

_랜터 윌슨 스미스

진정으로 웃으려면 고통을 참아야 하며, 나아가 고통을 즐길 줄 알아야 한다.

_찰리 채플린

장미꽃은 가시 틈에서 자란다.

_《탈무드》

불은 쇠를 단련시키고, 역경은 강한 사람을 단련시킨다.

_루키우스 세네카

고통은 인간의 위대한 교사이다. 고통의 숨결 속에서 영혼은 발육
된다.

_에셴바흐

고통을 주지 않는 것은 쾌락도 주지 않는다.

_미셸 몽테뉴

등산의 기쁨은 정상에 올랐을 때 가장 크다. 그러나 내 최상의 기쁨
은 험악한 산을 기어 올라가는 순간에 있다. 길이 험하면 험할수록
가슴이 뛴다. 인생에서 모든 고난이 자취를 감췄을 때를 생각해보
라! 그 이상 삭막한 것이 없으리라.

_프리드리히 니체

나를 죽이지 못한 모든 시련은 날 한층 더 강하게 만든다. 살아 있는 한, 나는 점점 더 강해질 것이다.

_프리드리히 니체

차라리 고난 속에 인생의 기쁨이 있다. 풍파 없는 항해, 얼마나 단조로운가! 고난이 심할수록 내 가슴은 뛴다.

_프리드리히 니체

어느 정도 깊이 괴로워하느냐 하는 것이 거의 인간의 위치를 결정한다.

_프리드리히 니체

운명의 장난은 재물을 빼앗아 갈 수 있지만, 마음의 용기까지는 빼앗아 가지 못한다.

_루키우스 세네카

가치 있는 일을 이루기 전엔 어떤 방식으로든 시험에 들게 되어 있다.

_앤드류 매튜스

가장 빠르고, 가장 똑똑하고, 가장 총명하고, 가장 부유한 사람에게 큰 승리는 오지 않는다. 큰 승리는 넘어질 때마다 일어나는 사람에게 오는 것이다.
_헨리에트 앤 클라우저

언제까지고 계속되는 불행은 없다. 가만히 견디고 참든지, 용기로 내쫓아 버리든지 이 둘 중 한 가지 방법을 택해야 한다.
_로맹 롤랑

삶에 대한 절망 없이는 삶에 대한 희망도 없다.
_알베르 카뮈

아무리 고약한 고뇌일지라도 그 나름의 피난처가 있게 마련이다.
_마르셀 프루스트

약간의 근심, 고통, 고난은 항시 누구에게나 필요한 것이다. 바닥에 짐을 싣지 않은 배는 안전하지 못하여 곧장 갈 수 없으리라.
_아르투르 쇼펜하우어

위대한 사상은 반드시 커다란 고통이라는 밭을 갈아서 이루어진다. 갈지 않고 둔 밭에서는 잡초만 무성할 뿐이다. 사람도 고통을 겪지 않고서는 언제까지나 평범함과 천박함을 면하지 못한다. 모든 곤란은 차라리 인생의 벗이다.

_칼 힐티

추위에 떤 사람일수록 태양의 따뜻함을 느낀다.

_월트 휘트먼

울기를 두려워하지 말라. 눈물은 마음의 아픔을 씻어내는 약이다.

_인디언 속담

성공으로 가는 길은 항상 공사 중이다.

_아놀드 파머

경계 · 여유 · 느림
침착 · 신중 · 조심

아무 문제 없다고 안심한 날이 어이없게도
가장 위험한 날일 수 있다.
자신만만해할 때가 가장 공격받기 쉬운 때이다.
운명의 여신은 우리가 경계심을 보이면
움직이지 않다가 전혀 예기치 못한 날을 선택해
공격하기 때문이다.

_발타자르 그라시안

시간에 쫓기거나 일에 매몰되어 자신의 중심을 잃고 상황에 끌려가는 경우가 있어. 쉬었다 가면 목적지에 늦게 도착할 것 같은 그런 조바심에 커피와 에너지 드링크를 몸에 때려 부으면서 일을 하지. 카페인 수분을 빨아들이는 무슨 제습기인 양 말이다.

인생길을 위한 내비게이션이라도 있으면 좋으련만, 그 흔한 지도 한 장 없는 게 우리 인생이지. 그렇기에 그저 부지런히 계속 걷는 것이 목적지에 가는 가장 좋은 방법일 거라는 믿음으로 우리는 계속 걷고 있어.

가끔은 그런 생각이 들어. 어쩌면 내가 걷고 있는 이 길의 목적지는 이 길의 끝이 아니라 이 길 가운데일지도 모른다는 생각 말이야.

천천히 가자. 길가의 꽃도 보고, 하늘의 구름도 보고, 얼굴을 스치는 바람도 느끼면서 천천히 가자.

사람들은 침착에 대해 이렇게 말한다.
"무모함과 경솔함이 일을 그르치는 경우가 많으니, 항상 침착하게 자신의 영혼과 대화하며 나아가야 한다."

아빠가 전해주는 인생 명언

영혼이 보이지 않거든 잠시 숨을 고르고 차분히 기다려라. 그래야만 스쳐 지나가는 인생의 행복을 놓치지 않을 수 있다.
_인디언 속담

침착하게 견디고 경솔하게 굴지 않고 살아가는 것, 그것만이 비굴하게 후회하지 않는 길이다.
_프란츠 카프카

먼저 핀 꽃은 먼저 진다. 조급히 서두를 것이 아니다.
_《채근담》

느림의 정도는 기억의 정도에 정비례한다. 빠름의 정도는 망각의 강도에 정비례한다.
_밀란 쿤데라

더 이상 좋은 대안이 없다고 판단할 때까지 심사숙고해야 한다.
_발타자르 그라시안

승리하는 사람들은 자신이 어디로 가고 있는지, 그 과정에서 어떤 일을 할 계획인지, 그 모험을 누구와 함께할 것인지 알고 있다.

_데니스 웨이틀리

너무 한 가지 일에만 몰두하고 그것에 집착하는 건 좌절을 맛보는 지름길이 될 수 있음을 반드시 염두에 두어야 한다.

_장 드 라브뤼예르

쉬운 일은 어려운 듯이, 어려운 일은 쉬운 듯이 하라.

_발타자르 그라시안

조급한 마음은 운명을 거스르는 치명적인 실수를 초래할 수 있다.

_발타자르 그라시안

가장 중대한 실수는 조급함 때문에 일어난다.

_마이크 머독

문제를 무리하게 해결하려 하지 말라.

_로버트 슐러

문제 자체에 매달려 논리적으로만 해결하려 하지 말고, 문제에서
한 발짝 물러나 더 넓은 안목과 시야로 크게 문제를 바라보라. 숨어
있던 비상구가 보일 것이다.

_이드리스 샤흐

조급한 마음으로 치밀한 계획도 없이 먼저 벽돌부터 쌓는다면 실패
할 수밖에 없다.

_발타자르 그라시안

단숨에 여러 일을 하려는 사람은 단 한 가지의 일도 못한다.

_새뮤얼 존슨

지혜로운 사람은 위험한 일을 극복하기보다 피하는 데 더 많은 용
기가 필요함을 알고 있다.

_발타자르 그라시안

최고로 손꼽히는 인물이 되고자 하는 데도 좀처럼 쉽지 않아 조바심을 내는 사람은 옆에서 치켜세우는 겉치레에 더 잘 속아 넘어가는 법이다.

_바뤼흐 스피노자

어떤 일도 완성되기 전에는 떠벌리지 말라.

_발타자르 그라시안

신중하되 천천히 하라. 빨리 뛰는 것이야말로 넘어지는 것이다.

_윌리엄 셰익스피어

초조하게 뭔가를 바라는 사람은 너무 많은 기력을 미리 소진한 탓에 바라는 것을 얻어도 충분한 만족을 얻지 못한다. 반면 스스로가 바라는 행복을 기다릴 수 있는 사람은 그것이 끝내 찾아오지 않더라도 절망의 길을 선택하지 않는다.

_장 드 라브뤼예르

습
관

습관적으로
호감을 가지려고 노력한 얼굴에는
그와 같은 감정을
그 얼굴에 자주 표현하므로
고도로 정리된
아름다움이 나타나 있다.

_ 사라 헬

습관이 세상 어디서나 중요하게 생각된다는 사실은 인간이 그
만큼 의지가 약하고 기억력이 빈약하다는 것을 의미할지도 몰라.
인간의 의지가 그리 오래가지 못하기 때문에, 인간의 기억력이
그리 오래가지 못하기 때문에, 습관을 만들어서 의지가 약해도
그리고 기억력이 나빠도 살아갈 방법을 만들어낸 것일지도 모르
겠구나. 의지가 강하고 기억력이 좋은 사람일지라도 습관을 통해
여유가 생긴 자신의 의지와 기억력을 다른 곳에 쓸 수 있다면 더
욱 좋을 거야.
　이렇게 좋은 방법이 있는데, 굳이 이 방법을 쓰지 않고 나의 의
지와 기억력을 소진할 필요는 없지 않을까?

　사람들은 습관에 대해 이렇게 말한다.
　"일단 어떠한 일이 시작되었다면 그 일을 성취하는 데 습관이
　큰 도움을 준다. 습관 자체가 당신의 모습을 보여주기도 한다."

아빠가 전해주는 인생 명언

동기 부여가 당신을 시작하게 한다. 습관이 당신을 계속 움직이게 한다.
_짐 륜

우리는 우리 행동의 산물이다. 그렇기에 탁월함은 행동이 아닌, 곧 습관이다.
_아리스토텔레스

하나의 새로운 습관이 우리가 전혀 알지 못하는 우리 내부의 낯선 것을 일깨울 수 있다.
_앙투안 드 생텍쥐페리

의식적으로 좋은 습관을 형성하려고 노력하지 않으면 자신도 모르는 사이에 좋지 못한 습관을 지니게 된다.
_디이도어 루빈

습관이란 인간으로 하여금 어떤 일이든지 하게 만든다.
_표도르 도스토옙스키

습관은 애초 마음에 들지 않던 친구들을 친한 사이로 만들고, 그들의 형태에 나름의 꼴을 주고, 목소리에 호감을 느끼게 하고, 마음의 성향을 변하게 하는 소임을 맡고 있다.
_마르셀 프루스트

꾸준히 하는 당신의 일이, 당신이 어떤 사람인지를 말해준다. 훌륭함이란 우연히 이루는 것이 아니라 몸에 밴 습관으로 이루는 것이다.
_아리스토텔레스

책
과 독
서

아득한 옛날에 사라진 별들의 빛이
아직도 우리에게 다다른다.
여러 세기 전에 죽었지만, 그들의 인격으로부터
발산되는 광채가 아직도 우리에게 전해지는
위대한 인간들도 마찬가지이다.

_칼릴 지브란

글을 써본 이들은 알 거야. 짧은 글 하나를 쓰기 위해 얼마나 많은 글이 쓰레기통으로 던져졌는지를, 그리고 그 짧은 문장 하나를 쓰기 위해 얼마나 많은 시간 동안 오롯이 사유하는지를 말이야. 그렇기에 그 글들이 집약된 책이라는 것은 그 사람의 거의 모든 게 담겼다고 보면 된단다.

아빠는 가슴속에 늘 한 권의 책을 가지고 다닌단다. 가슴속에 품은 책 하나가 날마다 벅차게 하지. 책 속에 있는 소중한 말들이 내 안에서 뿌리내리는 것 같아. 진실, 선의, 배려, 아름다움, 웃음 등 책은 세상의 모든 것을 담고 있단다.

사람들은 책에 대해 이렇게 말한다.

"책 안에는 우리 인류의 거대한 지혜가 담겨 있다. 책을 읽음으로써 우리는 그 지혜들을 아주 쉽게 우리 것으로 만들 수 있다."

아빠가 전해주는 인생 명언

다른 사람이 쓴 책을 읽으면서 너 자신을 향상하는 데 시간을 써라.
그러면 다른 사람들이 고생해서 얻고자 한 걸 쉽게 얻을 것이다.
_소크라테스

책은 죽은 자를 삶으로 불러내고, 산 자에게는 영원한 삶을 선사하
는 마법의 세계이다.
_요슈타인 가이더, 《마법의 도서관》

남의 책을 많이 읽어라. 남이 고생하여 얻은 지식을 아주 쉽게 내 것
으로 만들 수 있고, 그것으로 자기 발전을 이룰 수 있다.
_소크라테스

아름다운 글을 즐기고, 그 속에 담긴 의미를 그대의 것으로 만들어
야 한다.
_발타자르 그라시안

나는 책 없이는 살 수 없다.
_토머스 제퍼슨

모든 양서를 읽는다는 건 지난 몇 세기 동안에 걸친 가장 훌륭한 사람들과 대화하는 것과 같다.

_르네 데카르트

어떤 책은 음미하면 된다. 또 어떤 책은 이해하면 된다. 그러나 깊이 음미하고 소화할 책은 소수에 불과하다.

_프랜시스 베이컨

좋은 책 한 권을 꾸준히 읽는 데서 우리는 행복의 샘을 발견할 수 있다.

_알랭

사
랑

사랑 그 자체에는 문제가 없다.
문제는 사랑하는 사람들에게
있는 것이다.

_프란츠 카프카

사랑은 알기 어려운 것이지. 사랑을 아무리 쳐다봐도 할 말이 딱히 생각나지 않고, 머릿속에는 안개 같은 생각들만 뿌옇게 떠올라. 그렇기에 사랑 저편에 증오를 올려놓고 사랑과 증오를 번갈아 쳐다보다 보면, 사랑을 바라볼 때의 나와 증오를 바라볼 때의 나는 너무 다르다는 것을 알게 돼. 그동안 하나라고 믿었던 나는 하나가 아닌 것은 아닐까 하는 생각이 들지. 그러고 보면 이 사람을 만날 때와 저 사람을 만날 때의 나는 언제나 다른 모습이었어.

아마도 '나'와 '너' 사이에 사랑이 있는 게 아니고, 사랑이라는 그 끝에 '나'와 '너'가 있는지도 모르겠다. '나'라는 점과 '너'라는 점을 연결한 선이 사랑이 아니라, 사랑이라는 선의 한 끝에 '나'가 있고 다른 한 끝에 '너'가 있는 것만 같아. 사랑에 의한 '나'와 '너'가 있을 뿐이지. 그렇기에 사랑을 바라볼 때의 나와 증오를 바라볼 때의 나는 다른 나인 것은 아닐까.

이 사랑이라는 선 위에서 '나'와 '너'가 동기화하고 교감하며 '너'라는 존재는 '나'라는 존재가 되고, '나'라는 존재는 '너'라는 존재가 되지. 그러면서 '너'를 바라보면 '나'를 느끼고, '나'를 바라보면 '너'를 느끼게 돼.

나와 세상의 수많은 것 사이에 동기화가 일어나지만, 사랑이라는 것은 다른 동기화와 구분되는 독특한 특징이 있어. 그것은, 사랑은 '완전한 동기화'라는 거야. 이 완전한 동기화 과정에서 사람들은 다른 동기화에서 느낄 수 없는 엄청난 감정의 소용돌이에 빠지지. 다른 동기화에서는 일부만 '너'로 동기화되고, 나머지 부분들은 동기화되지 않은 채 대상의 일부는 '그' 또는 '그것'으로 남아 있게 되는 거야.

하지만 사랑의 경우는 완전한 동기화가 이루어지기 때문에 다른 때는 그냥 '그' 또는 '그것'으로 남던 것들조차도 동기화되어 '동기화된 그 또는 그것'이 되지.

이런 과정에서 우리는 그 대상을 그리워하는 마음을 비롯하여 애탐, 바람, 갈등, 아쉬움 등 모든 감정을 섞어 만든 일종의 칵테일을 들이켜게 돼.

사랑은 나와 세상 사이에 이루어지는 동기화 중 유일하게 완전한 동기화이다. 따라서 사랑은 살면서 알고 느끼는 최고의 가치일 거야.

완전한 사랑만 있을 뿐 불완전한 사랑은 존재할 수 없어. '그' 또는 '그것'에 남아 있던 공간과 시간과의 관계는 '너'가 되면서 소멸해. '그' 또는 '그것'은 '너'가 되면서 공간과 시간에서 벗어나 새로운 '나'가 되지.

이렇게 말은 하지만 아무래도 사랑이라는 건 역시 잘 모르겠구나. 어처구니없는 표정을 지으며 나를 떠나간 그들의 마지막 모습이 돌연 떠오르는 것은 요즘 마음이 살짝 우울한 상태이기 때문이겠지?

사람들은 사랑에 대해 이렇게 말한다.
"함께 같은 방향을 보며 걸어가는 것이 사랑인데, 사랑받는 것보다는 사랑하는 것이 더 행복하다."

아빠가 전해주는 인생 명언

사랑은 두 사람이 마주 보는 게 아니라 같은 방향을 바라보는 것이다.

_앙투안 드 생텍쥐페리

사랑받지 못하는 것은 슬프다. 그러나 사랑할 수 없는 것은 훨씬 더
슬프다.

_미겔 데 우나무노

사랑은 끝없는 신비이다. 그걸 설명할 수 있는 것이 전혀 없기 때문
이다.

_라빈드라나트 타고르

사랑은 홀로 설 수 없다. 스스로 사랑을 채우고 이를 베푸는 것, 그
때 사람이 사람답고 세상은 아름답다.

_발타자르 그라시안

사랑은 상대방의 마음속에 불러일으키는 열정보다 오히려 자기가
품은 정열 때문에 더욱 행복하다.

_발타자르 그라시안

사랑은 나의 영혼을 누군가에게 던지는 것이다.

_발타자르 그라시안

사랑은 모든 시간을 재구성하고, 모든 것을 새롭게 만든다.

_발타자르 그라시안

사랑은 오직 사랑을 선물할 뿐이다. 그리고 사랑만이 그 대가로 받을 수 있는 유일한 것이다.

_발타자르 그라시안

사랑의 근본을 그렇게 하찮은 것으로 여기는 사람은 바로 그 수준에 걸맞은 사랑밖에는 얻을 수 없다.

_발타자르 그라시안

사랑받는 일은 불타오름에 지나지 않지만, 사랑하는 것은 마르지 않는 기름에 의해 빛남을 말한다. 그러므로 사랑받는 것은 사라져 버리지만 사랑하는 것은 오랫동안 지속한다.

_라이너 마리아 릴케

가장 큰 행복이란 사랑하고 그 사랑을 고백하는 것이다.

_앙드레 지드

열렬히 사랑에 빠진 남자는 사랑하는 상대의 결점을 보지 못하는 어쩔 수 없는 맹인이 돼버린다.

_임마누엘 칸트

사랑은 떨리는 행복이다. 이별의 시간이 될 때까지 사랑은 그 깊이를 알지 못한다.

_칼릴 지브란

어머니는 20년 걸려서 소년을 한 사람의 사나이로 만든다. 그러나 딴 여자가 20분 걸려서 그 사나이를 바보로 만들어버린다.

_마르셀 프루스트

세상에는 단 하나의 마술, 단 하나의 힘, 단 하나의 행복이 있을 뿐이고 그것은 사랑이라고 불린다.

_헤르만 헤세

주는 것은 받는 것보다 행복하며, 사랑하는 것은 사랑받는 것보다
아름답고 사람을 행복하게 한다.

_헤르만 헤세

우리는 어디서 태어났는가? 사랑에서. 우리는 어떻게 멸망하는가?
사랑이 없으면. 우리는 무엇으로 자기를 극복하는가? 사랑에 의해
서. 우리를 울리는 것은 무엇인가? 사랑. 우리를 항상 결합하는 것
은 무엇인가? 사랑.

_요한 볼프강 폰 괴테

삶에서 중요한 것은 사랑하는 대상이 아니라 사랑한다는 그 자체
이다.

_마르셀 프루스트

화

Z-z-z...

미친 짓이란 매번 똑같은 행동을 반복하면서
다른 결과를 기대하는 것이다.

_알베르트 아인슈타인

세상에 변치 않는 것이 있기는 한 걸까? 아마도 모든 것은 변하는 게 본질이며, 변화를 멈추는 순간 그 의미를 잃을지도 몰라.

우리 인간은 변하는 걸 좋아하지 않는 것 같아. 변화는 새로운 것에 대한 적응을 불러오는데, 이는 세상과 나 사이의 쏠림을 일으키기 때문이지.

하지만 아무것도 하지 말고 가만히 몇 분만 있으라고 해도 그렇게 하지 못하고 계속 바스락대는 게 살아 있는 우리의 모습인 걸 보면, 변화라는 것이 우리도 피해 갈 수 없는 본질일지도 모르지.

머물러 있지 말고 나아가렴. 변화에 대한 두려움을 떨쳐내고 앞으로 나아가렴.

사람들은 변화에 대해 이렇게 말한다.

"변화란 살아 있다는 증거이다. 변화하기 위해서는 기존의 것을 버리는 용기가 필요하다."

아빠가 전해주는 인생 명언

작은 변화가 일어날 때 진정한 삶을 살게 된다.

_톨스토이

좋아하는 걸 버리지 않고서는 좋아하는 것을 재창조할 수 없다.

_마르셀 프루스트

인생은 자전거를 타는 것과 같다. 균형을 잡으려면 움직여야 한다.

_알베르트 아인슈타인

방황과 변화를 사랑한다는 것은 살아 있다는 증거이다.

_리하르트 바그너

세상은 늘 변하기 때문에 흘러간 것들은 보내고 새로운 걸 맞이하
는 건강한 태도가 필요하다.

_앤드류 매튜스

겨울이 지나 여름이 되었는데도 앙상한 가지만 고수하는 나무는
죽은 나무임에 틀림없다. 먼저 고정관념을 버려야 한다.

_이드리스 샤흐

후회 · 미련

사랑한다고
말할 걸 그랬지.
님이 아니면
못 산다 할 것을.
_'님은 먼 곳에'

아마도 세상에서 가장 슬픈 말은 후회일 거야. 이루어지지 못한 과거의 비가역성이 우리를 슬프게 하지. 모든 것을 운명의 탓이라 하고 싶지만, 모든 것을 신의 탓이라 하고 싶지만, 그 과거의 일 한가운데 우리 자신이 있기에 너무나 슬프지. 지금의 내가 가진 것을 모두 다 내놓으라면 내놓을 텐데, 앞으로 가질 모든 것을 다 내놓으라면 내놓을 텐데, 그래도 역시 과거의 그 일은 바꿀 수 없다는 것이 가슴을 미어지게 해.

시간이 흐르면 기억도 흐려진다는데, 그때의 기억은 시간이 지날수록 더욱 또렷해지며 나를 괴롭히지. 사람들은 아무런 도움이 되지 않는 과거의 기억은 놓아주라고 하지만, 그 기억을 내려놓을 수 없어. 내가 할 수 있는 건 아무것도 없어. 후회란 바로 그런 것이란다.

사람들은 후회에 대해 이렇게 말한다.
"후회는 돌이킬 수 없다. 그렇기에 슬픈 것이다."

아빠가 전해주는 인생 명언

어떤 길들을 계속 따라가고 다른 길들을 포기해야 했다. 하지만 최악은 그것이 아니었다. 제일 나쁜 건 자신의 선택을 평생 의심하며 그 길을 가는 것이었다.

_파울로 코엘료

인생에서 가장 슬픈 세 가지. 할 수 있었는데, 해야 했는데, 해야만 했는데.

_루이스 분

내일에 아무런 도움이 되지 않는다면 당신의 과거는 쫓아버려라.

_윌리엄 오슬러

한때 자신을 미소 짓게 만들던 것에 대해 절대로 후회하지 말라.

_엠버 데커스

후회를 지혜롭게 이용하라. 깊이 후회한다는 건 새로운 삶을 사는 것이다.

_헨리 소로

이미 끝나버린 일을 후회하기보다 하고 싶었던 일을 하지 못한 걸 후회하라.

_《탈무드》

후회의 씨앗은 젊었을 때 즐거움으로 뿌려지지만, 늙었을 때 괴로움으로 거둬들이게 된다.

_찰스 칼렙 콜튼

인생의 목적은 다수의 편에 서는 게 아니라
정신 나간 사람들 사이에서 벗어나는 것이다.

_마르쿠스 아우렐리우스

어리석음은 무지와 욕심의 합작으로 만들어진다. 무지와 탐욕, 그중 하나만으로는 어리석음이 될 수 없어. 아는 것이 없어도 탐욕이 없으면 그저 무지로 끝날 뿐이고, 욕심이 있어도 아는 것이 있으면 그저 욕심쟁이가 될 뿐이야. 아는 것도 없으면서 더 많이 가지려 하고, 더 많이 가진 것처럼 보이려 하는 그 욕심으로 말미암아 어리석음이 생겨나지. 그렇기에 우리는 현명한 사람을 생각할 때 많이 알면서도 겸손한 사람의 모습을 그리게 되나 보다.

바구니에 갇힌 게가 바구니에서 빠져나가려는 다른 게들을 끌어당겨 도망가지 못하게 하듯, 어리석은 자들은 지혜로운 이들 또한 자신처럼 어리석게 만드는 재주가 있단다. 그렇기에 어리석은 사람을 만나면 단호히 돌아서는 게 나을 거야. 네가 그들을 어리석음에서 벗어나게 할 수 있다는 오만함에 빠져선 안 돼.

사람들은 어리석음에 대해 이렇게 말한다.
"어리석은 사람은 자신의 무지와 탐욕을 깨닫지 못한 채 그저 현명한 사람들을 힐뜯기만 하니, 무조건 멀리해야 한다."

아빠가 전해주는 인생 명언

현명하지 못한 사람은 자기가 이해할 수 없는 일에 대해서는 무엇이든 헐뜯는다.

_프랑수아 드 라로슈푸코

지혜로운 사람은 상대가 반대 의견을 내면 자기 자리로 물러가 침묵한다. 그리고 자신의 말을 이해하는 지혜롭고 현명한 사람에게만 자기 생각을 말한다.

_발타자르 그라시안

어리석은 자의 특징은 타인의 결점을 드러내고 자신의 약점은 잊어버리는 것이라고 하겠다.

_키케로

현명한 사람들이 배척하는 것이면 무엇이든 좋아하는 고집스러운 취향을 가진 자들이 있다. 이들은 세상의 규칙을 우습게 여겨 따르지 않고 자기 멋대로 온갖 기행을 일삼으며, 그 때문에 결국 세상의 조롱거리가 된다.

_발타자르 그라시안

인생은 한 권의 책과 비슷하다. 바보들은 그것을 아무렇게나 넘겨가지만 현명한 사람은 차분히 그것을 읽는다. 왜냐하면 그들은 단한 번밖에 그것을 읽지 못한다는 걸 알고 있기 때문이다.

_장 파울

현명한 사람은 결코 지식에 자만하거나 함부로 나서지 않는다. 정중히 요청할 때만 충고한다.

_발타자르 그라시안

현명한 사람은, 어떤 일을 성취한 대가는 손에 넣더라도 명성만큼은 아랫사람에게 양보한다. 스스로 이름을 감춤으로써 안정을 보장받는 것이다.

_발타자르 그라시안

어리석은 행위의 제1단계는 자기 자신의 현명함에 자기도취하는 것이고, 제2단계는 그것을 고백하는 것이고, 제3단계는 충고를 경멸하는 것이다.

_벤저민 프랭클린

어리석은 자가 무슨 말을 하더라도 듣지 말고 무슨 생각을 하는지 염두에 두지도 말라.

_발타자르 그라시안

현명한 사람이 어리석은 사람에게서 배우는 것이 어리석은 사람이 현명한 사람에게서 배우는 것보다 많다.

_미셸 몽테뉴

내가 제시하는 증거가 무지한 자들에게 확신을 심어주고, 현명한 사람이 제시하는 증거가 나에게 확신을 심어준다.

_칼릴 지브란

잃을 게 없는 사람과 절대 다투지 말라.

_발타자르 그라시안

인간은 중상모략이 적당한 수단이라고 생각하면 주저하지 않고 중상모략을 일삼는다.

_프란츠 카프카

어리석은 사람은 좋은 옷으로도 자신의 어리석음을 가릴 수 없다.

_이솝

미친 사람들 대신에 온전한 사람들을 수용하는 병원들을 짓는 것이
여러 나라의 정부를 위해서 좀 더 경제적이지 않을까?

_칼릴 지브란

현명한 사람일수록 자신의 무지를 태연하게 드러내 보인다.

_발타자르 그라시안

행복과 불행

행복의 문이 하나 닫히면
다른 문이 열린다.
그러나 우리는 종종
닫힌 문을 멍하니 바라보다가
우리를 향해 열린 문을 보지 못한다.

_헬렌 켈러

모든 사람이 행복해지길 바라지만, 아무래도 행복이라는 것에 대해서는 사람들도 잘 모르겠나 보다. 행복에 대한 말만 무성할 뿐 이 얘기 저 얘기가 다 다르고, 모두 도대체가 무슨 말인지 알 수가 없거든. 행복을 추구하는 사람에게 행복이 다가온다는 말도 있고, 행복을 추구하지 않아야 행복이 다가온다는 말도 있지.

행복이 다가오는 것이 아니라 원래 옆에 있는데 사람들이 그걸 잘 모른다고도 해. 그뿐만 아니라 모두 어떻게 해야 행복을 거머쥘 수 있느냐에 대해 말할 뿐 행복이 어떻게 생겼느냐에 대해서는 말하지 않지.

사람들은 행복에 대해 이렇게 말한다.

"행복은 바로 옆에 있다. 행복을 바라보려고 하는 사람에게만 행복이 보인다. 행복을 찾았다고 생각하면 정말로 행복을 찾은 것이다."

아빠가 전해주는 인생 명언

어리석은 자는 멀리서 행복을 찾고, 현명한 자는 자신의 발치에서 행복을 키워간다.

_제임스 오펜하임

행복을 수중에 넣는 유일한 방법은 행복 그 자체를 인생의 목적으로 생각지 말고 행복 이외의 다른 목적을 인생의 목적으로 삼는 것이다.

_존 스튜어트 밀

우리에게 닥치는 행운과 불운은 그것이 얼마나 심한가에 따라서가 아니라, 우리가 얼마나 심하게 느끼는가에 따라서 우리에게 영향을 미친다.

_프랑수아 드 라로슈푸코

인간은 단지 행복하기를 원하는 게 아니라, 남들보다 더 행복하기를 원한다. 그런데 우리는 무조건 남들이 자기보다 더 행복하다고 생각하기 때문에 남들보다 행복해지기 어려운 것이다.

_루키우스 세네카

우리는 자기가 행복하게 되기 위해서보다는 자기가 행복하다고 다른 사람들이 믿게 만들기 위해 애쓴다.
_프랑수아 드 라로슈푸코

진화는 우리가 행복하도록 우리를 진화시킨 것이 아니라, 우리가 행복을 추구하도록 우리를 진화시켰다.
_개리 마커스,《클루지》

행운은 마음의 준비가 있는 사람에게만 미소를 짓는다.
_루이 파스퇴르

행운을 안고 입장했던 사람들 중 오직 적당한 시기에 물러났던 사람만이 행복을 지킬 수 있었다.
_발타자르 그라시안

무슨 일이 일어나느냐가 아니라 일어난 일을 놓고 어떻게 반응하느냐에 따라 행복해질 수도, 불행해질 수도 있다.
_앤드류 매튜스

모든 사물에는 행복과 불행이라는 두 가지 측면이 있다.
_발타자르 그라시안

우리는 자신이 생각하고 있는 것만큼 행복하지도 그렇게 불행하지
도 않다.
_프랑수아 드 라로슈푸코

행복은 나비와 같다. 따라가려 하면 자꾸 당신 손아귀를 벗어난다.
하지만 당신이 가만히 앉아 있으면 아마 당신 위에 살포시 앉을 것
이다.
_나다니엘 호손

행복의 원칙은 첫째 어떤 일을 할 것, 둘째 어떤 사람을 사랑할 것,
셋째 어떤 일에 희망을 가질 것이다.
_임마누엘 칸트

행복은 습관이다. 그것을 몸에 지니라.
_조지 허버트

행복한 사람은 특별한 환경 속에서 있는 사람이 아니라 어떤 특별한 마음 자세를 갖고 살아가는 사람이다.

_휴 다운즈

그대가 행복을 추구하고 있는 한, 그대는 언제까지나 행복해지지 못한다.

_헤르만 헤세

나는 눈과 귀와 혀를 빼앗겼지만, 내 영혼을 잃지 않았기에 그 모든 걸 가진 것이나 마찬가지다.

_헬렌 켈러

너그러움 · 포용 · 다양성
어울림 · 교제 · 공감 · 관계

똑같은 사람이 두 명 존재한다면,
세상은 그들을 받아들이기에
넉넉할 만큼 충분히 넓지 못하다.

_칼릴 지브란

사람이 사람을 좋아하는 듯 보이지만, 사람들은 자신이 아닌 다른 사람을 그리 좋아하지 않지 싶어. 사람들은 나보다 키 큰 사람도 싫어하고, 나보다 키 작은 사람도 싫어하지. 사람들은 나보다 능력이 뛰어난 사람도 싫어하고, 나보다 능력이 뒤지는 사람도 싫어해.

왜 그들은 나와 다르고, 왜 그들은 그런 보잘것없는 것들을 위해 인생을 바치는 걸까? 왜 서로 다른 우리가 지금 이 시간에, 바로 이곳에서 함께하게 된 걸까?

언젠가 이런 글을 본 적이 있어.

'세상이라는 게 사람이라는 톱니바퀴로 돌아가는 것이라면, 나와 반대 방향으로 돌아가는 톱니바퀴가 있는 게 당연한 것 아닐까?'

어쩌면 이 다양한 개성을 지닌 인간들 모두가 받아들일 수 있는 지혜를 찾는 것, 서로 반목하지 않는 길을 찾는 것. 그게 함께 사는 우리가 걷고 있는 이 길의 끝에 있는 것인지도 모르겠다. 그리고 어울림이라는 것은 이해의 문제가 아닌 지혜의 문제일지도 모르겠다.

사람들은 어울림에 대해 이렇게 말한다.

"사람은 절대 혼자서 살 수 없다. 그러니 모질지 않게 너그러운 마음으로 사람들과 어울려야 한다."

아빠가 전해주는 인생 명언

세상 사람들이 다 없어져도 지낼 수 있다고 생각하는 사람이 있다면 그것은 대단히 잘못된 생각이다. 하물며 자기가 없으면 세상이 돌아가지 않는다고 믿는 사람은 더 큰 잘못이다.

_프랑수아 드 라로슈푸코

수많은 색채가 어울려서 하나의 명작을 만들어낸다.

_헤르만 헤세

나에게 혼자 파라다이스에서 살게 하는 것보다 더 큰 형벌은 없다.

_요한 볼프강 폰 괴테

중요한 건 우리를 격려해주는 사람들과 함께 있는 것이며, 그들과 함께할 때 우리는 최상의 모습을 보여준다.

_에픽테토스

뛰어난 인물이 되려면, 누구와 교제해야 할 것인가를 깊이 숙고해야 한다.

_발타자르 그라시안

남을 너그럽게 받아들이는 이는 항상 사람들의 마음을 얻고, 위엄과
무력으로 엄하게 다스리는 이는 항상 사람들의 노여움을 산다.

_세종대왕

사람의 가치는 타인과의 관계로서만 측정될 수 있다.

_프리드리히 니체

싫어하는 사람을 상대하는 것도 하나의 지혜다.

_발타자르 그라시안

사람에겐 사람이 필요하다.

_라빈드라나트 타고르

남이 당신에게 관심을 갖도록 하고 싶거든, 당신 자신의 눈과 귀를
닫지만 말고 다른 사람에게 관심을 표시하라. 이 점을 이해하지 않
으면, 아무리 재간이 있고 능력이 있더라도 남과 사이좋게 지내기
란 불가능하다.

_로랜스 굴드

관계란 자신이 한 만큼 돌아오는 것이네. 먼저 관심 갖고, 먼저 다가가고, 먼저 공감하고, 먼저 칭찬하고, 먼저 웃으면 그 따뜻한 것들이 나에게 돌아오지.

_레이먼드 조

인간은 상호관계로 묶어지는 매듭이고, 거미줄이며, 그물이다. 이 인간관계만이 유일한 문제이다.

_앙투안 드 생텍쥐페리

가령 한 개의 사과에 대해서도 품을 수 있는 견해의 차이라는 것이 있다.

_프란츠 카프카

사람은 너나없이 자신만의 짐을 지니고 살아가지만, 다른 사람의 도움을 받지 않고는 살아갈 수 없다. 따라서 우리는 위로와 충고로 다른 사람을 도와주어야 한다.

_톨스토이

모든 사람에게 예절 바르고, 많은 사람에게 붙임성 있고, 몇 사람에게 친밀하고, 한 사람에게 벗이 되고, 누구에게나 적이 되지 말라.

_벤저민 프랭클린

인간은 죽을 때까지 완전한 인간이 못 된다.

_벤저민 프랭클린

다른 사람의 속마음으로 들어가라. 그리고 다른 사람으로 하여금 당신의 속마음으로 들어오도록 하라.

_마르쿠스 아우렐리우스

증오

남을 증오하는 감정이
얼굴의 주름살이 되고,
남을 원망하는 마음이
고운 얼굴을 추악하게 한다.

_르네 데카르트

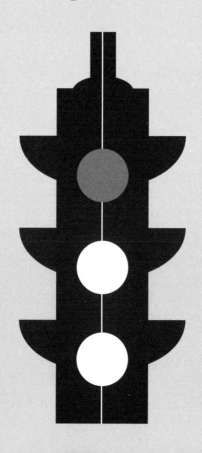

내가 무슨 잘못을 해서 그 사람이 내 옆에 있게 된 걸까? 그 사람의 눈빛, 말소리, 숨소리도 싫고 심지어 그와 같은 공간에 있는 것만으로도 숨이 막혀버리지. 그가 사라져줬으면 좋겠는데, 그는 죽기는커녕 회사에서 잘리지도 않고 항상 내 옆에서 나를 힘들게 하고. 내가 그를 사랑하는 것도 아닌데, 나의 머릿속에는 항상 그 사람 생각뿐이고. 이판사판 내 삶을 희생하면서까지 그의 삶을 짓밟아버리고 싶다는 충동까지 일지.

'어떻게 증오를 이겨낼 수 있을까?'

이 생각을 하며 많은 시간을 보냈단다. 아빠가 찾은 방법은 누군가를 향한 증오를 내 삶을 행복하게 해주는 회로로 전환해내는 거야. 그가 내 앞에서 나를 기분 나쁘게 할 때 나에게 지혜를 전해줄 책을 집어 들고, 그의 역겨운 숨소리가 느껴질 때 길가에 핀 꽃향기를 맡아보는 거야. 그를 향해 불타오르는 증오라는 제단에 나의 삶을 불쏘시개로 바쳐 소중한 내 인생이 재만 남아버리도록 할 수는 없잖아.

사람들은 증오에 대해 이렇게 말한다.

"증오란 증오하는 대상보다 자신을 더 낮게 만든다. 그러니 증오하지 말고 성공할 일만 바라보며 성공하라."

아빠가 전해주는 인생 명언

우리의 증오심이 너무 격심하면, 그건 우리가 미워하는 사람보다 우리 자신이 더 하찮은 사람으로 전락하는 것이다.
_프랑수아 드 라로슈푸코

성공이야말로 괴롭혀온 사람들에 대한 가장 강력한 복수다. 시기심이 강한 사람은 한 번 죽지 않는다. 그는 자신이 시기하는 사람이 박수갈채를 받을 때마다 매번 새롭게 죽는다. 시기를 받는 사람의 명성이 지속되면 시기하는 사람의 고통도 끝나지 않는다.
_발타자르 그라시안

다른 사람을 지나치게 신경 쓰면, 결국 그 사람의 포로가 된다.
_《도덕경》

싫어하는 사람을 상대하는 것도 하나의 지혜이다.
_발타자르 그라시안

증오는 그 마음을 품는 자에게 다시 돌아간다.
_루트비히 판 베토벤

증오란 정당한 것이다. 부정을 미워할 줄 모르는 사람은 정의를 사랑하지 못한다.

_로맹 롤랑

지위·직위·직업·자리·리더십

높은 지위는
위대한 사람을
더욱 위대하게 하고
작은 인물은
더욱 작게 한다.

_장 드 라브뤼예르

자신에게 걸맞은 자리가 아니라면, 자리를 내놓아야 해. 자신이 감당할 수 있는 자리가 아니라면, 그 자리에 앉아서는 안 되지. 하지만 탐욕과 허영에 눈이 먼 사람들은 자신에게 맞지 않는 자리에 앉아서 거들먹거리며 다른 이들을 힘들게 해. 목적지가 어딘지도 모르면서 다른 이들에게 목적지를 향해 전진하라고 하며, 타인의 희생으로 다가선 목적지에서 자신의 이름이 새겨진 깃발을 꽂지.

직위라는 것은 되는 게 아니라, '되어지는' 것이어야 할 거야. 내가 어떤 자리에 앉고 싶다 해서 그 자리에 앉을 수 있는 게 아니야. 사람들이 내가 거기에 앉기를 바라기 때문에 거기에 앉을 수 있는 거지. 사람들이 바라지 않는데, 그 자리에 앉고 싶다는 탐욕과 허영 때문에 거기에 앉아서는 안 되는 거란다. 다른 사람들을 위해 그리고 너를 위해.

사람들은 지위에 대해 이렇게 말한다.
"자신에게 걸맞은 지위의 자리에 앉아야 한다. 자격이 안 되는 자리에 앉는 것은 불행을 불러온다."

아빠가 전해주는 인생 명언

다룰 줄 모르면 소유하는 것이 아니다.

_요한 볼프강 폰 괴테

자기 실력 이하의 지위에 앉으면 큰 인물로 보이지만, 자기 실력 이상의 지위에 앉으면 종종 소인으로 보인다.

_프랑수아 드 라로슈푸코

사람의 지위는 곱고 따뜻한 마음씨보다 능력과 가치를 인정받음으로써 지켜질 수 있는 것이다.

_발타자르 그라시안

너 자신을 누구에겐가 필요한 존재로 만들라. 누구에게든지 인생을 고달프게 만들지 말라.

_랠프 에머슨

그럴 만한 가치가 있는 인간을 위해서 수고하는 일만큼 즐거운 것은 없다.

_마르셀 프루스트

지위를 얻으면 남들이 시기한다는 점을 명심하라.

_발타자르 그라시안

직업을 살기 위한 수단으로 생각하지 말고 하나의 취미로 생각하라.

_로렌스 굴드

직함이 인간을 높이는 것이 아니라, 인간이 직함을 빛나게 한다.

_니콜로 마키아벨리

재
능

쇳덩이는 사용하지 않으면 녹이 슬고
물은 썩거나 추위에 얼어붙듯,
재능도 사용하지 않으면 녹슬어버린다.

_레오나르도 다 빈치

재능은 신의 축복일 거야. 하지만 그런 재능도 자칫 독이 될 수 있어. 재능이 인내를 보는 눈을 가려버릴 수 있기 때문이지. 인내하지 않아도 잘할 수 있는 것이 재능의 속성이기에, 때로 재능은 인내의 소중함을 가려버린단다. 그렇기에 천부적인 재능을 갖고 태어났음에도 인내하지 못해 자신의 재능을 제대로 발휘하지 못하게 되어, 애초에 재능 없는 것만도 못한 삶을 살게 되는 경우가 많지. 하지만 인내가 함께하는 재능이라면, 그것은 세상을 살아가는 데 그 무엇보다도 강력한 무기가 될 거야.

사람들은 재능에 대해 이렇게 말한다.

"재능은 신의 축복이지만, 인내 없는 재능은 없는 것만 못하다."

아빠가 전해주는 인생 명언

재능에서만큼은 자신은 안된다고 처음부터 단념해버린 탓에 위대해질 기회를 놓친 사람이 적지 않다. 당신은 당신의 재능을 미리부터 낮게 책정해서는 안 된다. 눈앞에 기회가 왔는데 뒷걸음치지 말라.

_로렌스 굴드

재능이 한 가지 많은 게 재능이 한 가지 적은 것보다 더 위험하다.

_프리드리히 니체

자신을 내보여라. 그러면 재능이 드러날 것이다.

_발타자르 그라시안

자신의 본성이 어떤 것이든 그에 충실하라. 자신이 가진 재능의 끈을 놓아버리지 말라. 본성이 이끄는 대로 따르면 성공할 것이다.

_시드니 스미스

자연은 우리의 정신 밑바닥에 우리 자신도 모르는 재능과 솜씨를 숨겨놓은 듯하다.

_프랑수아 드 라로슈푸코

재능은 조금씩 보여주어 기대감을 갖도록 해야 한다.

_발타자르 그라시안

아무리 아름다운 얼굴이라도 마음이 상냥하고 맑을 때는 아름답지만, 그렇지 않을 때는 도리어 추해진다. 재능도 마찬가지로 재능을 가진 사람의 성품 여하에 따라 힘도 되고 도둑도 된다. 사람은 아름답게 닦는 것이 제일이다.

_프랑수아 드 라로슈푸코

자연 속에 갖가지의 나무와 풀이 자라듯이 사람에게도 여러 재능이 있다. 나무에 따라 꽃과 열매가 다르듯 사람에 따라 저마다 특유의 재능을 가지고 있다. 작으나 크나 그대의 특성을 살리는 자신과 용기를 가져야 한다.

_프랑수아 드 라로슈푸코

헌신·베풂·희생·친절·선행
배려·도움·자비·자선·미덕

당신이 다른 사람의 고통을
덜어줄 수 있는 한,
삶은 헛되지 않다.

_헬렌 켈러

배려, 도움, 자비, 자선, 미덕, 헌신, 베풂, 희생, 친절, 선행. 이런 단어들은 아마 세상에서 가장 아름다운 말일 거야. 그리고 이것들이 가진 가치는 이 세상에서 최고일 거야.

한때는 누군가가 나를 도와줄 때, 누군가가 나에게 친절을 베풀 때, 내가 그 친절을 받을 만하기에 나에게 친절을 베푸는 것이라고 생각했어. 그 친절 또한 자신의 가치를 높이기 위한 수단에 지나지 않는다 생각했었고. 하지만 나에 대한 그들의 친절과 배려는 그들의 희생과 수고로움을 대가로 하는 것이었어.

그들이 내민 손길에는 자신보다 남을 먼저 생각하는 아름다움이 있었단다. 결핍된 인간들이 결핍되지 않도록 해주는 유일한 것들이며, 세상을 살 맛나게 해주는 것들이었지.

아직 아빠도 이 말들의 깊고 아름다운 뜻을 다 알지는 못할 거야. 베풂의 깊은 뜻을 느끼고 싶지만, 결핍에 대한 두려움이 그 앞을 막아서기도 하니까. 하지만 결핍의 두려움을 바라보지 않고 눈을 돌린 채로 베풀어본다면, 베풂의 의미를 조금은 알 수 있지 않을까. 언젠가 그 의미를 알게 된다면, 아마 삶의 다른 모든 것의 의미들도 알게 될 것만 같아.

사람들은 베풂에 대해 이렇게 말한다.
"베풂은 삶의 목적으로, 베풂이 있는 삶은 절대 헛되지 않다."

아빠가 전해주는 인생 명언

위대한 사람의 기준은 재력이 아닌, 미덕으로 측정된다.

_발타자르 그라시안

아름다운 자비는 고결의 진정한 상징이다.

_윌리엄 셰익스피어

이생에서 우리의 주된 목적은 다른 사람들을 돕는 것이다. 그리고
그들을 도울 수 없다면 적어도 그들을 해치지 말라.

_라마승

다른 사람을 위해 살았던 삶만이 가치 있는 인생이다.

_알베르트 아인슈타인

자신보다 남을 먼저 배려하는 사람이라는 명성을 얻으면 일종의 마
법 같은 힘이 생긴다. 그 혜택은 이루 말할 수 없는 다양한 방법으
로 자신에게 돌아온다. 먼저 양보하고, 먼저 배려하는 사람이 결국
더 많은 것을 얻는다.

_애덤 그랜트

우리가 그들에게 베푸는 혜택은 자기 자신에게 미리 베푸는 혜택
이다.

_프랑수아 드 라로슈푸코

좁은 길에서는 한 걸음 멈춰서 남이 먼저 가게 하라. 맛있는 음식이
생기면 남에게 먼저 맛보게 하라. 이것이 세상에서 가장 행복하게
사는 방법이다.

_《채근담》

알려지지도 않고 기억도 나지 않는 작은 친절과 사랑이 훌륭한 사
람의 삶을 구성하는 최고의 부분들이다.

_윌리엄 워즈워스

가장 귀중한 사랑의 가치는 희생과 헌신이다.

_발타자르 그라시안

사람의 마음을 간파하는 능력은 이루 말할 수 없이 중요하다.

_발타자르 그라시안

그 사람의 미덕과 인품에 이끌려 자신도 모르게 가까이 다가갈 때,
비로소 사랑은 시작된다.

_발타자르 그라시안

가장 광범위하게 퍼져 있는 것은 '준다는 것은 무엇인가 빼앗기는
것, 희생하는 것'이라는 오해다. 주는 건 가난해지는 것으로 생각한
다. 그러나 주는 것은 잠재적 능력의 최고 표현이다. 준다고 하는 행
위 자체에서 나의 힘, 나의 부, 나의 능력을 경험한다. 고양된 생명
력과 잠재력을 경험하고 매우 큰 환희를 느낀다.

_에리히 프롬

아침에 눈을 뜨면 무엇보다도 먼저 '오늘은 한 사람에게만이라도
기쁨을 주어야겠다'는 생각으로 하루를 시작하라.

_프리드리히 니체

우리는 주머니 속에서 어떤 일을 위해서든지 돈을 꺼내어 지불할 때
다른 사람에게 따뜻이 대하는 태도를 습관화하도록 노력해야 한다.

_칼 힐티

미덕을 갖춘 사람은 분별력도 생기고, 이해심도 깊으며, 현명해지고, 용기가 있으며, 연민의 정도 많으며, 언제나 즐겁고 정직하며, 통찰력도 뛰어나다.
_발타자르 그라시안

친절한 행동은 아무리 작은 것이라도 절대 헛되지 않다.
_이솝

미덕은 모든 탁월한 것의 증거이고 인생의 모든 만족감의 핵심이다.
_발타자르 그라시안

행복은 입맞춤과 같다. 행복을 얻기 위해서는 누군가에게 행복을 주어야만 한다.
_다이도어 루빈

의로운 이는 사람들의 마음과 가깝지만, 자비로운 이는 신의 마음과 가깝다.
_칼릴 지브란

오직 남들을 위하여 산 인생만이 가치 있는 것이다.

_알베르트 아인슈타인

다른 사람에게 도움 주는 일을 하는 사람은 자신에게 가장 큰 선물
을 주는 것이다.

_루키우스 세네카

아름다운 모습은 아름다운 얼굴보다 낫고 아름다운 행동은 아름다
운 자태보다 낫다.

_랠프 에머슨

선행이란 다른 사람들에게 베푸는 것이 아니라, 자신의 의무를 다
하는 것이다.

_임마누엘 칸트

부드러움과 친절은 나약함과 절망의 징후들이 아니고, 힘과 결단력
의 표현이다.

_칼릴 지브란

나는 나무에서 잎사귀 하나라도 의미 없이는 뜯지 않는다.

_알베르트 슈바이처

한 자루의 양초로 많은 양초에 불을 옮겨 붙이더라도 첫 양초의 빛
은 흐려지지 않는다.

_《탈무드》

세상을 살아가는 데는 한 걸음 양보하는 것이 뛰어난 행동이니, 물
러나는 것이 곧 나아가는 바탕이기 때문이다. 사람을 대할 때는 너
그럽게 하는 것이 실로 자신을 이롭게 하기 때문이다.

_《채근담》

나태·게으름

모든
죄악의 기본은
조바심과
게으름이다.

_프란츠 카프카

나태를 유심히 살펴보면, 죄악의 모습을 닮은 구석이 많아. 마치 죄악처럼 나태 또한 작은 것 하나가 금세 걷잡을 수 없이 커지고, 삶에 대한 의지를 꺾으며, 자신에게 죄책감을 불러오지. 그렇기에 나태의 끝은 죄악으로 말미암은 불운한 삶일지도 모르겠다.

지나친 욕심이 조바심이고 부족한 욕심이 게으름이라면, 양 끝에 서 있는 조바심과 게으름 모두 죄악의 기본이 될 수 있다는 건 혼란스럽기까지 하지. 그러고 보면 중용(中庸)이라는 것은 중심을 잡기 힘들다고 하여 멀리할 수밖에 없는 그런 덕목만은 아닌 듯해.

그렇기에 힘들어서 쉬고 싶더라도 자리를 박차고 일어나렴. 일단 일어나면 뭐든지 하게 될 테니까.

사람들은 나태에 대해 이렇게 말한다.

"나태는 우리의 의지와 열정을 침식한다. 한 번 빠져들면 그동안 지켜왔던 모든 것을 한꺼번에 내놓아야 한다."

아빠가 전해주는 인생 명언

나태에 한 번 빠져들면 열렬했던 추구도, 확고했던 결심도 순식간에 중단된다. 나태란 영혼의 중독과 비슷하다. 잃어버린 모든 행복과 모든 손실을 잊어버리라고 유혹한다. 그리하여 나태는 그 어떤 배라도 멈추게 할 수 있는 빨판상어와 같다. 암초나 폭풍보다도 위험한 잔잔함이다.

_프랑수아 드 라로슈푸코

떨쳐 일어나야 할 때 일어나지 않고, 젊음만 믿어 힘쓰지 않고, 나태하며 마음이 약해 인형처럼 비굴하면 그는 언제나 어둠 속에서 헤매리라.

_《법구경》

귀찮음은 삶의 중요한 야망과 실천을 침식해버린다. 인식하지 못하는 사이에 모든 열정과 미덕을 파괴하고 좀먹게 한다.

_프랑수아 드 라로슈푸코

나태는 자기의 실패뿐 아니라 타인의 성공에 의해서도 벌을 받는다.

_쥘 르나르

세상에서 가장 무서운 것은 가난도 걱정도 병도 아니다. 그것은 생에 대한 권태이다.

_니콜로 마키아벨리

기
회
·
준
비
·
계
획

삶에 필요한 것들을 두 배로 준비해두어라.
이렇게 하면 두 배 더 알찬 삶을 살 수 있다.
그보다 더 나은 것을 찾을 수 없더라도
단 하나의 차원에만 의지하지는 말라.
특히 도움받거나 호의 또는 존경을 얻는 데
필요한 수단은 꼭 두 가지씩 갖고 있어야 한다.
인간의 의지는 약하고 변덕스럽기에
언제나 여분을 비축해두지 않으면
기대한 것을 얻지 못한다.
조물주가 우리 몸에서 가장 중요하고
위험에 가장 많이 노출되어 있는 부위를
두 개씩 만들어준 것도 이와 같은 이유다.

_발타자르 그라시안

아빠의 아버지는 말이 거의 없는 분이셨지만, 이 말씀 만큼은 자주 해주셨단다.

"물이 들어오기 전에 배를 만들어야 한다. 그래야 물이 들어오면 배를 타고 나갈 수 있는 거야."

모든 기회는 준비된 사람에게만 기회인 법이야. 항상 준비하며 기회를 엿보는 사람에게는 기회가 눈에 보인단다. 하지만 준비하지 않은 사람에게는 다가온 기회도 기회로 안 보이지.

이왕이면 제대로 준비하렴. 그 기회가 요구하는 대가가 하나라면 둘을 준비하고, 그 기회가 요구하는 대가가 둘이라면 넷을 준비하렴. 그 기회가 우리에게 "너는 아직 이 기회를 받아들일 준비가 안 돼 있어"라고 말할 수 없을 만큼 요구되는 것보다 두 배, 세 배를 준비하렴. 다른 흠이 있어도 그런 흠이 무마될 수 있도록, 우리에게 기회를 줄 누군가가 아무리 우리가 꼴 보기 싫어도 우리에게 기회를 주지 않는 것이 차마 허락되지 않도록, 철저히 준비하렴. 그렇게 준비한다면 기회란 설레는 인생의 선물이 될 거야.

사람들은 기회에 대해 이렇게 말한다.

"기회는 준비된 사람에게만 다가온다. 그렇기에 항상 철저히 준비하고 기다려야 한다."

아빠가 전해주는 인생 명언

사람들이 대개 기회를 놓치는 이유는 기회가 작업복 차림의 일꾼 같아서 일로 보이기 때문이다.
_토머스 에디슨

그대에게 유리한 기회가 없다고 하지 말라. 기회는 그쪽에서 찾아 오는 것이 아니라, 이쪽에서 발견해야 한다. 모든 기회는 그것을 볼 줄 알고 휘어잡을 줄 아는 사람이 나타나기 전까지는 잠자코 있다.
_로렌스 굴드

작은 기회로부터 종종 위대한 업적이 시작된다.
_데모스테네스

큰일 착수 시 기회를 만들어내는 것보다 눈앞의 기회를 이용하려고 힘써야 한다.
_프랑수아 드 라로슈푸코

기회는 발견될 때마다 놓치지 말고 잡지 않으면 안 된다.
_프랜시스 베이컨

기회는 어디에도 있는 것이다. 낚싯대를 던져놓고 항상 준비 태세를 취하라. 없을 것처럼 보이는 곳에 언제나 고기는 있으니까.

_오비디우스

우리를 절망에 빠뜨리는 것은 불가능이 아니라 우리가 깨닫지 못했던 가능성이다.

_프랑수아 드 라로슈푸코

현명한 사람은 적절한 시기를 잡지만, 어리석은 사람은 시기를 놓친다.

_발타자르 그라시안

기회는 노크하지 않는다. 그것은 당신이 문을 밀어 넘어뜨릴 때 모습을 드러낸다.

_카일 챈들러

준비에 실패하는 건 실패를 준비하는 것이다.

_벤저민 프랭클린

기회는 자기를 웃게 만들 줄 아는 소수의 사람에게만 미소를 보내
는 숙녀다. 쇠가 달아 있을 때 두드리는 것도 좋은 방법이다. 그보다
좋은 것은 쇠를 두들겨서 달구는 것이다.

_어니스트 헤밍웨이

현명한 사람은 자기가 발견하는 기회보다 더 많은 기회를 만든다.

_프랜시스 베이컨

태양이 비추고 있는 동안에 건초를 만들라.

_미겔 데 세르반테스

즐거움은 저절로 즐거운 것이 아니고 재앙을 염려했기 때문에 즐길
수 있는 것이다.

_강태공

내가 할 일이 무엇인가를 미리 생각하여 꾀하고, 마음을 다해 힘쓰
면 때를 놓치지 않는다.

_《법구경》

무슨 일이든 미리 깊이 생각해보고 잠드는 것이 재난이 닥친 다음에 뜬눈으로 밤을 새우는 것보다 낫다.

_발타자르 그라시안

기회가 없음을 두려워하지 말고, 준비되어 있지 않음을 두려워하라.

_랠프 에머슨

인생에서 성공하는 사람의 비결은 좋은 기회가 오면 즉시 받아들일 마음가짐이 되어 있는 것이다.

_벤저민 디즈레일리

나는 찬스가 올 것에 대비하여 배우고, 언제나 닥칠 일에 착수할 수 있는 태도를 갖추고 있다.

_에이브러햄 링컨

계획은 현실로 바꾸었을 때보다 한창 추진해가고 있을 때가 더 행복한 것이다.

_앤드류 매튜스

계획하지 않는 것은 실패를 계획하는 것과 마찬가지다.

_에피 닐 존스

미리 당신 마음속으로 어떤 일들을 완벽하게 해내는 연습을 하며 시간을 보내라.

_앤드류 매튜스

행운은 준비된 사람에게만 온다.

_루이 파스퇴르

나무를 베는 데 한 시간이 주어진다면 도끼를 가는 데 45분을 쓰겠다.

_에이브러햄 링컨

아무리 위대한 천재의 능력일지라도 기회가 없으면 소용이 없다.

_나폴레옹

모든 장애물이 곧 기회라는 것을 명심하고 장애물을 찾자.

_로버트 슐러

기회는 흔히 고생으로 가장하고 있기 때문에 대부분의 사람은 알아보지 못한다.

_앤 랜더스

기회는 그냥 오지 않는다. 기회가 오면 바로 잡아라.

_오드리 헵번

의심은 지혜로운 사람의 미덕이며 매우 유용한 재산이다. 또한 예견된 불행은 더 이상 혼란을 주지 못한다.

_발타자르 그라시안

사기와 공짜 · 사행심 · 도박

도박을 즐기는
모든 인간은
불확실한 것을
얻기 위해서
확실한 걸 걸고
내기를 한다.

_블레즈 파스칼

아무리 하지 말라 이야기를 해도 사람들이 계속 도박을 하며 사행심에 빠져드는 것을 보면, 일하지 않고 놀고먹기를 바라는 것은 인간의 본성인가 보다. 세상이 정의롭지 못하니, 성실하고 정직하게 사는 것에서 기쁨과 만족을 얻는 사람들이 조롱받는 시대가 된 듯해. 하지만 세상이 아무리 형평성이 결여된 곳이라 해도, 참을성 없고 조바심 많은 사람들의 먹을 것과 입을 것과 쉴 곳을 빼앗아서 인내하는 사람에게 주는 정의는 분명 있단다.

어찌 보면, 자신의 꿈을 향해 수많은 밤을 땀과 눈물로 하얗게 지새우는 사람이 그토록 많은데, 아무런 노력 없이 자신의 꿈을 이루겠다는 그들의 마음은 괘씸하기도 하고, 한편 안타깝기도 하지.

사람들은 도박에 대해 이렇게 말한다.

"확실한 것은 도박에서 돈을 딸 수는 없다는 사실이다. 결국 빈털터리가 되어 도박장을 나오게 되어 있다."

아빠가 전해주는 인생 명언

당신은 훔치지 않는 한, 도박판에서 돈을 딸 수 없다.
_알베르트 아인슈타인

최고의 주사위 던지기는 주사위를 통에 그냥 넣어두는 것이다.
_영국 속담

공짜 치즈는 쥐덫에만 놓여 있다.
_러시아 속담

인생은 얼마나 좋은 카드를 손에 쥐었는지보다 자신이 가진 카드를
얼마나 잘 활용하는지에 달려 있다.
_조쉬 빌링스

도박은 탐욕의 아들이며 절망의 아버지이다.
_프랑스 속담

돈을 따고 있을 때 그만두라. 그것이 도박꾼들이 할 수 있는 최선이다.
_발타자르 그라시안

당신이 충분히 많은 시간을 도박에 투자한다면, 당신은 언제나 돈을 잃을 것이다. 도박꾼은 항상 망하게 마련이다.

_마이클 크라이튼

이것이 도박에 관한 나의 첫 교훈이다. 누군가가 항상 따기만 한다면, 그는 도박을 하고 있는 게 아니라 속임수를 쓰고 있는 것이다.

_맬컴 엑스

자신의 결점·인사
겸손과 예의·자중

무례함이란 약한 인간이
강한 인간을 모방할 때 나타난다.

_엘리 호퍼

어떤 이들은 겸손의 내면에는 자신을 더 높이려는 의도가 숨어 있다고 말하곤 해. 자신의 모습을 보여주고 자랑하는 것이 오히려 미덕이고 필요라 여겨지는 세상이 되었지. 하지만 누군가의 겸손한 모습을 통해 그 사람의 인간미와 함께 그 인생의 엄중함이 느껴지는 것을 보면, 그게 머리에서 나온 것이든 가슴에서 나온 것이든 겸손은 아름다운 모습 중 하나일 거야. '겸손이란 자신을 낮춘다기보다는 다른 사람을 존중하는 거라고 말하는 것이 좋지 않을까?' 하는 생각을 해보게 돼. 나 자신을 낮추고 낮추다가 자신감을 잃고 좌절한 적이 많기 때문이야.

다른 사람에게 인사하는 것도 겸손이라면, '나의 몸을 수고하여 낮추는 것이 나를 낮추기 위해서라기보다는 다른 사람을 존중해서 한다고 생각하는 것'이 더 부담 없고 인간적으로 받아들여지는 것 같아.

사람들은 겸손에 대해 이렇게 말한다.
"겸손이란 남을 높이면서 자신 또한 존귀하게 만드는 것이다."

아빠가 전해주는 인생 명언

겸손하게 허리를 숙이는 것은 자화자찬과는 반대로 자신을 존귀하
게 만드는 행동이다.
_발타자르 그라시안

적을 만들기 원한다면 내가 그들보다 잘났다는 것을 주장하면 된다.
_프랑수아 드 라로슈푸코

가지고 있는 재주를 감추는 방법을 안다는 것은 커다란 기술이다.
_프랑수아 드 라로슈푸코

자기가 나설 무대가 아닌 곳에 함부로 나서지 말라.
_헨리크 입센

남들로부터 칭찬을 바란다면 자기의 좋은 점을 늘어놓지 말라.
_블레즈 파스칼

너의 행동을 낮게 하고 너의 희망을 높게 하라.
_조자 하버트

예절이 갖는 힘을 체득하라. 두 배의 가치가 돌아온다. 예절의 기술은 모든 인간관계를 향상시킨다.

_발타자르 그라시안

인생은 겸손에 대한 오랜 수업이다.

_제임스 매튜 배리

적게 노력하고 많이 얻는 가장 쉬운 방법은 그저 예의를 지키는 것이다.

_발타자르 그라시안

예의 바른 몸가짐은 그 하나만으로도 사랑받는다.

_발타자르 그라시안

예절의 기술은 모든 사회적 관계를 향상시킨다.

_발타자르 그라시안

창조 · 독창성 · 참신 · 창의 · 새로움

창조한다는 것,
그것은 두 번 사는 것이다.

_알베르 카뮈

세상에 새로운 것은 거의 없다지만, 그게 이미 있는 것일지라도 자신이 믿기에 새로운 무언가를 창조하는 건 가슴 벅찬 일이야. 다른 사람이 맛보지 못한 것을 나는 맛보고, 다른 사람이 모르는 사실을 나는 알았다는 특별함이 내 어깨에 힘을 불어넣으니까. 진실에 내가 가장 가까이 다가선 듯하여 스스로 너무 자랑스럽지.

하지만 기어 다닐 때는 걸어서 갈 수 있는 장소에 대해 모르듯, 걸어 다닐 때는 날아서 갈 수 있는 장소에 대해 모르듯, 더 큰 세상에 나가보면 누군가의 발자국이 내 앞에 찍혀 있는 것을 보게 마련이란다. 창조란 천재들에게만 허락된 것이고, 평범한 사람에게는 허락되지 않은 것일지도 모르겠구나. 하지만 평범한 사람이 만들어낸 것은 새로운 무엇인가가 아닌 이미 있었던 걸 다시 만들어낸 거에 불과하더라도 무언가 새것을 만들고 있다는 착각이 신명을 불러일으키지. 블록으로 나만의 세상을 만들고 혼자 좋아하는 아이처럼 말이야. 새로운 생각으로 새로운 것을 창조하겠다는 그 순간, 세상 어딘가에 우리 꿈으로 이루어진 그 세상이 정말 생길지도 모를 일이다.

사람들은 창조에 대해 이렇게 말한다.
"창조란 삶의 위안인 동시에 삶의 기쁨이다. 창조한다는 건 새로운 삶을 사는 것이다."

아빠가 전해주는 인생 명언

창조는 괴로움의 구원인 동시에 삶의 위로인 것이다. 그러나 창조하기 위해서는 그 자신의 괴로움이 따르면서 많은 변화가 요구된다.
_프리드리히 니체

창조 속의 모든 것은 그대의 내면에 존재하고, 그대의 내면에 있는 모든 것은 창조 속에 존재한다.
_칼릴 지브란

창의적인 사람은 새로운 생각을 창조하는 게 아니다. 자신의 머릿속에 있는 생각을 새롭게 조합할 뿐이다.
_알렉스 오스본

무엇인가 새로운 것을 발견하는 재능은 대중과는 다른 길을 선택하는 사람들만이 가지고 있다.
_발타자르 그라시안

이 세상의 훌륭한 모든 것은 다 독창성의 열매이다.
_존 스튜어트 밀

느닷없이 떠오르는 생각이 가장 귀중한 것이며, 보관해야 할 가치가 있는 것이다. 메모하는 습관을 갖자.

_프랜시스 베이컨

영원한 존재가 아닌 인간에게는 완전히 모순된 가면(假面) 속에서의 엄청난 모방이 있을 뿐이다. 창조, 이것이야말로 위대한 모방이다.

_알베르 카뮈

칭찬

좋은 칭찬 한마디에 두 달은 살 수 있다.

_마크 트웨인

다른 사람이 무언가를 제대로 해내게 하고, 내가 무언가를 제대로 해내게 하는 방법 중 최고는 칭찬일 거야. 혼내고 압박해서 이루는 일은 진행은 될지 몰라도 아름답게 그 결과물이 나오기란 힘들지.

　　나를 믿어주는 한 사람, 그이면 된다. 단지 칭찬 한마디, 그것이면 된다. "너, 그림 좀 그리는구나?", "너 글 좀 쓰는구나?" 등등 이런 식의 말 한마디가 한 사람을 화가로, 작가로 만들지.

　　칭찬은 듣는 사람으로 하여금 타인의 인정과 자기 자신의 인정을 깨닫게 하고 현실로 올라오게 한단다. 그렇기에 칭찬을 듣는 사람은 마법에 걸린 것처럼 무한한 힘으로 그 꿈을 향해 나아갈 수 있어. 또한 칭찬은 다른 사람을 용서하고, 자신도 용서하게 하지. 그러면서 다른 사람과 자신의 어두운 죄책감을 밝은 희망으로 바꾸어놓는단다.

　　사람들은 칭찬에 대해 이렇게 말한다.

　　"칭찬이란 사람에게서 최선의 것을 얻어내는 방법이다. 칭찬한다는 건 나 자신을 칭찬받는 그 사람의 위치에 올려놓는 것이다."

아빠가 전해주는 인생 명언

칭찬은 가장 적은 비용으로 가장 많은 호의를 끌어내는 방법이다.

_발타자르 그라시안

남의 좋은 점을 발견할 줄 알아야 한다. 그리고 남을 칭찬할 줄도
알아야 한다. 이는 남을 자기와 동등한 인격으로 생각한다는 의미
를 갖는 것이다.

_요한 볼프강 폰 괴테

사람에게서 최고의 것을 이끌어내는 가장 좋은 방법은 그 사람을
인정하고 격려해주는 것이다.

_찰스 슈왑

칭찬 속에서 자란 아이는 감사할 줄 안다.

_도로시 로 놀테

칭찬은 나를 부끄럽게 한다. 그것은 내 마음 한구석에서 그것을 은
근히 바라고 있었기 때문이다.

_라빈드라나트 타고르

단 한 사람의 칭찬도 매우 중요하다.

_새뮤얼 존슨

사람들은 곧잘 따끔한 비평의 말을 바란다고는 하지만, 정작 그들이
마음속으로 기대하고 있는 것은 비평 따위가 아닌 칭찬의 말이다.

_서머싯 몸

가
정
과
가
족

모든 행복한 가족은
서로서로 닮은 데가 많다.
그러나 모든 불행한 가족은
그 자신들의 독특한 방법으로
불행하다.

_톨스토이

삶이 힘들어져 나락으로 떨어졌을 때, 곁에 있어주는 사람은 가족뿐이야. 돈을 잃으면 내 돈을 보고 다가온 사람들이 떠나가고, 사회적 지위를 잃으면 내 지위를 보고 다가온 사람들이 떠나간다. 명예를 잃으면 자신의 명예마저 더럽혀질까 봐 서둘러 떠나버리지.

그럼에도 "밥은 잘 챙겨 먹냐?", "돈은 좀 있냐?" 하며 전화해주고, 먹을거리를 들고 찾아와 돈 봉투까지 건네줄 존재는 가족뿐이야. 힘들 때 걱정해주는 친구들도 있겠지만, 그들 대개는 "그러길래 내가 그거 하지 말라고 했잖아?", "내가 너 이렇게 될 줄 알았다!" 하는 식으로 자신에 대한 위로를 가장할 뿐이지.

우리 함께 맛있는 것도 많이 먹고, 좋은 곳에 여행도 많이 다니고, 사랑스러운 대화도 많이 나누자.

사람들은 가정에 대해 이렇게 말한다.
"가정의 기쁨은 인생의 여러 기쁨 중 가장 기본이 되는 것이나,
저절로 얻어지는 건 아니다. 그 어떤 영역보다 더 소중히 하며
노력해야 한다."

아빠가 전해주는 인생 명언

왕이건 농부이건 자신의 가정에 평화를 찾아낼 수 있는 이가 가장
행복한 인간이다.

_요한 볼프강 폰 괴테

가정의 질서는 법의 질서와 같은 것이다. 그건 결코 저절로 만들어
지는 것은 아니며 의지로써 만들어지고 유지되는 것이다.

_알랭

저녁 무렵 자연스럽게 가정을 생각하는 이는 가정의 행복을 맛보
고 인생의 햇볕을 쬐는 사람이다. 그는 그 빛으로 아름다운 꽃을 피
운다.

_카를 베히슈타인

이 세상에는 여러 기쁨이 있지만, 그중에서 가장 빛나는 기쁨은 가
정의 웃음이다.

_요한 페스탈로치

가정은 나의 대지이다. 나는 거기서 나의 정신적인 영양을 섭취하고 있다.

_펄 벅

아늑한 가정은 인간을 서로 귀히 여기고 신뢰하게 만든다.

_요한 페스탈로치

가족들이 서로 맺어져 하나가 되어 있다는 것이 정말 이 세상에서의 유일한 행복이다.

_마리 퀴리

가정에서 마음이 평화로우면 어느 마을에 가서도 축제처럼 즐거운 일들을 발견한다.

_인도 속담

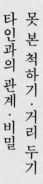

못 본 척하기 · 거리 두기

타인과의 관계 · 비밀

깊은 못가에서 고기를 보는 자는
불길한 꼴을 당하고,
사람이 감추고 있는 것을 알아내는 자는
화를 당한다.

_열자

아무리 좋은 충고를 해준다 해도 나에 대해 이래라저래라 말하는 건 싫게 마련이지. 나를 아끼는 마음에 충고하고 있다는 것을 알고 있지만, 그래도 나에 대한 쓴소리는 거북할 수밖에 없어. 하물며 나를 향해 불평하고 비난하는 것은 더 말해 무엇할까.

그렇기에 언제부터인가 다른 사람에 관한 얘기는 하지 않게 되었어. 그에 관한 나쁜 소식을 들었을 때는 물론 그에 관한 좋은 소식을 들었을 때조차도 그가 먼저 얘기를 꺼내지 않는 한 이야기하지 않지.

아무리 가까운 사이일지라도 그의 열기와 숨소리가 느껴질 정도로 가까이 다가온다면, 그걸 참아주기란 쉽지 않을 거야.

사람들은 타인과의 관계에 대해 이렇게 말한다.

"사람과 사람 사이는 너무 멀어서도 안 되지만, 그렇다고 너무 가까워서도 안 된다."

아빠가 전해주는 인생 명언

모든 사람이 서로에 대해서 어떻게 말하는지 안다면, 누구든 이 세상에서 네 명 이상의 친구를 가지지 못할 것이다.

_블레즈 파스칼

너무 양심적이어서 그대의 소유물을 훔칠 수 없는 어떤 사람들은 그대의 생각들을 함부로 다루는 것은 조금도 잘못이라고 생각하지 않는다.

_칼릴 지브란

황당한 일 앞에서는 못 본 척하고 말썽을 피하라.

_발타자르 그라시안

친구나 은인의 결점에 대하여 노골적으로 말하게 되었다면 더 이상 그들과의 우호관계를 지속할 수 없다.

_프랑수아 드 라로슈푸코

비밀은 말하지도 듣지도 말아야 한다.

_발타자르 그라시안

알아도 모르는 척하고 지나가라. 자연스러운 대화를 수사관 방식의 캐묻는 심문으로 만들지 말라. 높은 자리에 있다면 더욱 알아도 모르는 척 넘기는 태도가 중요하다. 동료나 절친한 친구, 심지어 적일지라도 모르는 척 내버려둬야 할 때가 있다.

_발타자르 그라시안

모든 의견을 말하는 데 상대방이 자랑하는 점을 과장하고, 부끄러워하는 점을 절대 언급하지 않아야 함을 명심하라. 상대방이 자기 잘못을 이미 알고 있는 부분에 대해 그 과실을 거리낌 없이 말해서는 안 된다.

_사마천

들판 위로 내리는 비가 산 위로 나타나는 구름과 다르듯이, 어떤 사람이 노출하는 면은 그가 감추고 있는 면과 다르다.

_칼릴 지브란

아무리 가까운 사이일지라도 자기 생각을 모두 털어놓지 말라.

_발타자르 그라시안

거기에서는 아무것도 보지 않는 게 최선인 사건도 있다는 걸 명심
하라.

_마르셀 프루스트

아무리 하찮은 것이라 할지라도 사랑하는 사람이 그걸 우리에게 숨
기려 하면, 그 즉시 얼마나 비상한 가치를 지니는가!

_마르셀 프루스트

자신의 속내를 좀처럼 드러내지 말고 신비스러운 태도를 유지하라.
그러면 사람들은 자연스레 당신에게 끌리고 기대를 갖는다.

_발타자르 그라시안

운명도 때로는 우리의 가장 약한 곳을 노려 상처를 입힌다. 고통이
사라지고 즐거움이 계속되기를 바란다면, 고통이나 즐거움이 어디
에서 오는지 함부로 드러내지 말라.

_발타자르 그라시안

지혜로운 이는 약한 곳을 절대 드러내지 않으며 적의 공격을 받아
도 태연하게 대처한다.

_발타자르 그라시안

비난·비평·불평

입안에 피를 머금고 남의 얼굴에 내뿜는다면
먼저 내 입이 더러워진다.
마찬가지로 남을 저울질할 때
먼저 내가 그 저울에 달릴 것을 조심하라.
남을 상하게 하는 자는 먼저 그 자신이 상한다.

_강태공

가끔 욕도 하고 살아야지, 그러지 않으면 화병이 걸린다고 해.
카페에 앉아서 다른 사람 욕하는 것은 우리의 일상이며 삶의 얼
마 안 되는 낙이기도 하지. 삼겹살을 먹으면서 하는 윗사람에 대
한 욕은 어느 안주보다 고기와 잘 어울릴 거야.

하지만 아빠는 그런 이야기를 하는 자리가 너무 싫단다. 비난, 비
평, 불평을 한다고 해서 그 대상이 변하는 것도 아닌데 왜 그런 이
야기를 하는 걸까? 그런 말을 하는 사람에게서 악취가 나고 그의
주위로 시꺼먼 암기가 휘둘린다는 것을 왜 모르는 걸까? 비난하는
그가 비난 대상보다 더 못나 보인다는 것을 왜 모르는 걸까?

비난의 대상이 되는 사람이 그토록 싫다면 그가 자기 잘못을 깨
닫지 못한 채 제대로 된 삶을 살지 못하는 걸, 지금처럼 마냥 인간
답지 못하게 살다 죽는 걸 바라야 하는 것 아닐까? 아니, 어쩌면
내가 비난하고 욕하는 그 사람보다 더 잔혹한 인간일지도 모르겠
구나.

사람들은 비난에 대해 이렇게 말한다.

"어리석은 사람만이 자신의 결점을 보지 못한 채 다른 사람에 대해
비난한다. 이것은 자신을 불행으로 이끄는 방법이다."

아빠가 전해주는 인생 명언

남의 불행에 깊이 빠져들지 말라.

_발타자르 그라시안

한 장소에서 불만을 내뱉는 사람이 다른 장소에 가서는 긍정적인
말을 꺼낸다는 것은 거의 말도 안 되는 일이다.

_이솝

약점을 비방하는 자는 자기 몸에서도 악취가 풍긴다는 사실을 모른다.

_발타자르 그라시안

다른 사람의 죄를 들추면, 자신의 양심에 영원히 지울 수 없는 얼룩
을 남기게 된다.

_발타자르 그라시안

사람들은 남의 말을 하기 좋아하며 남의 일에 대해 이러쿵저러쿵
말하기 좋아한다. 그러나 자신의 일을 남이 말하는 것은 싫어하며,
자신의 마음을 누가 쑤시는 것은 대단히 싫어한다.

_프랑수아 드 라로슈푸코

남이 하는 일을 애써 깎아내리는 사람은 자신도 악평을 불러 모은다.

_발타자르 그라시안

불평은 마음속 깊이 묻어버리는 것이 후회 없이 사는 방법이다.

_발타자르 그라시안

현명하지 못한 사람은 자기가 이해할 수 없는 일에 대해서는 무엇이든 헐뜯는다.

_프랑수아 드 라로슈푸코

그 누구도 마음에 들지 않는다는 사람은 그 누구의 마음에도 들지 않는 사람보다 훨씬 불행하다.

_프랑수아 드 라로슈푸코

공이 튀는 방식을 불평하는 사람은 대개 그것을 받아치지 못하는 자이다.

_루 홀츠

다른 사람을 탓하고 원망하는 이는 아무것도 이룰 수 없다.

_앤드류 매튜스

타인의 결점은 우리 눈앞에 있고, 우리 자신의 결점은 우리 등 뒤에 있는 법이다.

_루키우스 세네카

빈정대기 잘하는 사람이란 모든 것의 값을 알고 있으나, 한 가지의 가치도 모르는 사람이다.

_오스카 와일드

우리 자신에게 결점이 없다면, 다른 사람의 결점에도 딱히 흥미를 느끼지 못할 것이다.

_프랑수아 드 라로슈푸코

어리석은 자의 특징은 타인의 결점을 드러내고, 자신의 약점은 잊어버리는 것이다.

_키케로

남을 헐뜯는 가십은 살인보다도 위험하다.
_《탈무드》

사람의 잘못은 좀처럼 자신에게는 나타나지 않는다.
_윌리엄 셰익스피어

어리석은 자일수록 마음속에 불만을 쌓아두는 법이다.
_발타자르 그라시안

분노 · 격정 · 극단 · 절제
자제력 · 자기 통제 · 감정 통제

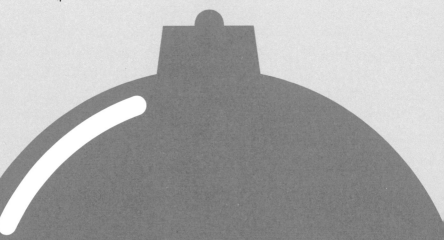

분노보다 더한 독은 없다.

_《법구경》

분노라는 것은 사람의 본성인가 보다. 분노를 느끼지 않는 것은 정말이지 성인(聖人)이 아니면 할 수 없는 그런 것이 아닌가 하는 의구심이 들어. 이제는 분노를 참아낼 정도로 성숙했다 생각할 때쯤, 또다시 분노가 폭발하는 시간이 찾아오지. 그리고 나는 다시 어린애로 돌아가는 기분이 들고 말이야.

아빠는 분노의 마음이 끓어오르지 않게 하는 것은 포기하기로 했어. 다만 분노가 표출되지 않도록 노력할 뿐이지.

분노가 끓어오를 때는 우선 자리를 피하는 게 좋단다. 자리에 앉아서 분노를 삭이려는 건 그리 좋은 방법이 아니야. 자리에 앉아서 숫자를 세어본들 마음속 분노는 쉬이 사그라지지 않거든. 분노가 치밀어 오르면 일단 밖으로 나가렴. 캔커피라도 사 먹으며 벤치에 앉아 주변의 꽃도 보고 구름도 쳐다보렴. 그러고 있다 보면 '이 얼마나 하찮은 문제 때문에 내가 중심을 잡지 못하고 흔들리고 있는 것인가?' 하며 헛웃음이 나올 거야. 어쩌면 어른이 된다는 것은 덜 아파하고 덜 슬퍼하는 게 아니라, 화를 덜 낼 줄 아는 건지도 모르겠구나.

사람들은 분노에 대해 이렇게 말한다.

"분노를 억제하지 못하면 그것의 노예가 될 수밖에 없다. 한 번 분노에 사로잡히면 곧 큰 불행이 들이닥칠 것이다."

아빠가 전해주는 인생 명언

화를 내면 주위의 사람들은 많은 상처를 입는다. 그러나 그것보다 더 큰 상처를 입는 사람은 바로 화를 내는 당사자이다.

_톨스토이

우리의 일상생활에서 가장 조심해야 할 것은 '사소한 감정을 어떻게 처리하느냐?' 하는 문제이다. 그게 도화선이 되어 큰 불행으로 발전하는 일이 적지 않기 때문이다.

_알랭

성난 말을 하지 말라. 마음에 괴로움을 안겨줄 뿐이다. 악을 보이면 재앙이 오나니 내 몸에 해로울 뿐이다.

_《법구경》

화가 나거든 무엇인가를 말하거나 행하기 전에 열까지 세어라. 그래도 화가 풀리지 않는다면 백까지 세어라. 그래도 안되거든 천까지 세어라.

_토머스 제퍼슨

감정은 언제나 이성을 짓밟아버리는 경향이 있다. 감정에 충실하게 행동하면, 모든 것이 광기로 흐르기 쉽다.

_발타자르 그라시안

감정 폭발은 곧 이성의 결함이다. 어리석은 자가 격분하고 있을 때, 냉정을 잃지 않는 사람은 성숙한 인간의 징표이다.

_발타자르 그라시안

격정을 참지 못하고 자세를 흐트러뜨리는 자는 어리석다.

_발타자르 그라시안

극단적으로 행동하면 얻는 것보다 잃는 게 많다.

_발타자르 그라시안

기량이 있는 사람은 아무리 위급한 순간이 다가와도 여유를 부리면서 절대로 나약한 모습을 보이지 않는다.

_발타자르 그라시안

기분 나쁜 일을 당해도 쉽게 잊을 수 있는 훈련을 하라.

_발타자르 그라시안

무슨 일이든 극단적으로 밀고 나가는 자는 존경심을 잃는다.

_발타자르 그라시안

침착한 태도는 본연의 정신상태의 외적 모습이다.

_발타자르 그라시안

일시적 감격으로 죽음에 이르기는 쉬운 일이나, 어떤 일에 마주쳤을 때 마음 편히 느긋하게 어떤 것이 의(義)인가를 생각해서 몸을 처하는 것은 한층 어려운 일이다.

_《근사록》

사람은 때때로 책상 위의 지극히 작은 변화나 거기에 훨씬 전부터 얼룩져 있던 오점이 없어지는 그런 일에도 마음이 뒤숭숭해지는 경우가 있다.

_프란츠 카프카

분노는 바보들의 가슴속에서만 살아간다.

_알베르트 아인슈타인

분노는 한때의 광기이다. 그러므로 이 감정을 억제하지 않으면 당신은 분노에 사로잡힐 것이다.

_톨스토이

분노를 없애려면 정말 아무것도 하지 말아야 한다.

_톨스토이

반성 · 자성 · 성찰 · 고독

우리는 소에게서
배워야 할 일이
한 가지 있다.
그것은
반추(反芻, 되새김)하는
일이다.

_프리드리히 니체

자기 잘못을 깨닫게 되는 것은 가슴 아픈 일이야. 다른 사람을 통해 나의 허물을 알게 되는 것도 싫은데, 스스로 자기 잘못을 들춘다는 것은 쉽지 않은 일이지.

하지만 자기 잘못을 똑바로 바라보지 않으면, 언젠가 똑같은 일을 반복하게 될 거고, 이전의 상처는 몸집이 더욱 커져서 나타날 거야. 그리고 자신에 대한 성찰이나 반성이 없어 일어나게 될 이번 잘못도 또 다른 상처가 되어 그 언젠가 다시 나타나겠지.

반성과 자성의 시간은 과거의 잘못한 기억을 확실한 앎이 되게 하여, 우리에게 이전과 다른 새로운 삶을 향해 나아갈 지혜를 선사한단다. 그리고 바보같이 돌았던 쳇바퀴 밖으로 우리를 인도하지.

사람들은 반성에 대해 이렇게 말한다.

"반성은 힘든 일이다. 그럼에도 반성하라. 반성은 인간이 되어가는 과정이다."

아빠가 전해주는 인생 명언

자기반성은 지혜를 배우는 학교이다.
_발타자르 그라시안

각 개인은 타인 속에 자기를 비추는 거울을 갖고 있다.
_아르투르 쇼펜하우어

반성하는 이가 서 있는 땅은 가장 훌륭한 성자가 서 있는 땅보다 거룩하다.
_《탈무드》

사람들 중 가장 쓸모 있는 이는 사람들에게서 멀리 떨어져 있는 자이다.
_칼릴 지브란

어둠은 이유도 없고 이해할 수도 없는, 참으로 묘한 그 무엇으로 내 시각뿐만 아니라 내 영혼에 시원한 감미로움과 휴식을 준다.
_마르셀 프루스트

고독 없이는 아무것도 달성할 수 없다. 나는 예전에 나를 위해서 하나의 고독을 만들었다.

_파블로 피카소

이 세상에서 가장 중요한 것은 내가 어디에 서 있느냐가 아니라, 어느 방향으로 가고 있느냐이다.

_요한 볼프강 폰 괴테

반성하지 않는 삶은 살 가치가 없다.

_소크라테스

남을 판단하는 것보다 자신을 판단하는 게 훨씬 어렵다.

_앙투안 드 생텍쥐페리

자신의 결점을 깨닫고 고치려 노력한다면, 그것은 자신의 장점을 더욱 빛내주고 인격을 함양하는 좋은 기회이다.

_발타자르 그라시안

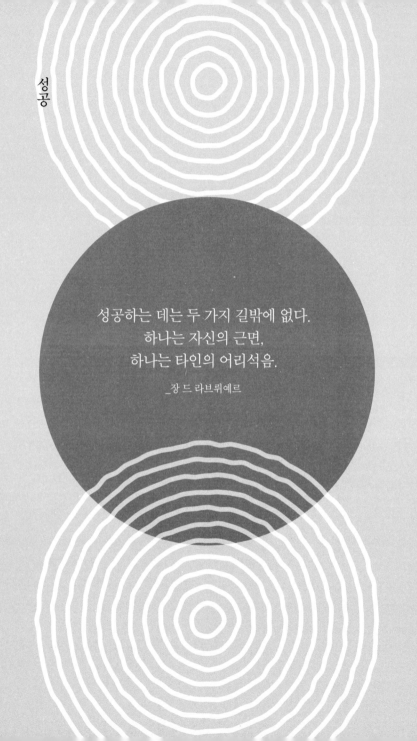

성공

성공하는 데는 두 가지 길밖에 없다.
하나는 자신의 근면,
하나는 타인의 어리석음.

_장 드 라브뤼예르

성공에 따라오는 자기 과신은 자신이 그 성공을 위해 그동안 얼마나 큰 고생과 시련을 겪었는지를 잊게 하는 것 같아. 셀 수 없이 지샌 하얀 밤의 눈물과 땀으로 얻어낸 성공이지만, 결핍이 사라진 새로운 삶의 모습은 이전의 결핍된 삶을 망각하게 만들지. 그렇기에 많은 사람이 힘들게 거머쥔 행운을 금세 놓쳐버린단다. 성공한 후 너무 큰 행운을 바라서는 안 될 거야. 행운의 신은 누구 하나에게 행운을 몰아주지 않으니까.

무엇을 얻기보다 잃기가 훨씬 쉬운 법이란다. 하지만 많은 이가 내가 가진 것의 가치보다 얼마 안 되는 가치를 가진 불확실한 그 무엇을 얻고자 확실한 나의 것을 내놓지. 이것이 불공정한 거래임을 알 텐데도, 사람들은 어쩌지 못해. 탐욕 때문이란다. 삶을 살면서 깨닫게 된 재밌는 사실이 하나 있는데, 그것은 내가 열심히 달려서 이기는 경우보다도 다른 사람이 탐욕으로 제풀에 넘어져서 이기는 경우가 더 많다는 거야.

사람들은 성공에 대해 이렇게 말한다.
"성공이란 이제 내려가야 함을 의미하기도 한다. 그렇기에 지나친 행운을 기대하지 말고 불운을 경계해야 한다."

아빠가 전해주는 인생 명언

사람들은 행운의 절정에서, 그들을 그곳까지 올라가게 해준 똑같은 이유 때문에 흔히 굴러떨어진다.

_장 드 라브뤼예르

어떤 것이든 정상에 오른 순간부터 조금씩 내리막길을 걷기 시작하는 것이다.

_발타자르 그라시안

어진 사람은 난관의 극복을 제일 중요한 일로 생각하고, 성공 여부는 부차적인 것으로 본다.

_공자

자신의 업적을 즐겨라. 하지만 남에게 자랑하지는 말라.

_발타자르 그라시안

사업과 예술의 세계에서 정상에 오르면, 발밑이 걸리지 않도록 조심하라.

_발타자르 그라시안

승리의 결실을 거둔 후에는 패배로 위장하고 슬쩍 뒤로 물러나라. 또한 패배의 순간에는 그것을 솔직하게 시인하라. 그러면 어느 정도 패배를 감출 수 있다.

_발타자르 그라시안

평범함

인위적인 것보다 자연스러운 게 좋다.
언제나 자연스럽게 행동하는 사람은
만인의 사랑을 받는다.

_발타자르 그라시안

평범하게 보인다는 것은 처세의 고수들에게만 허락된 특권인지도 몰라. 타인보다 특출하면서도 사람들 사이에서 아무런 표시도 안 나게 돌아다니고, 적들에게 자신이 이곳의 장군임을 들키지 않고, 은밀하면서도 화려하게 일을 진행하는 그들의 능력은 실로 감탄을 자아내지. 아마도 "어떻게 당신 같은 평범한 사람이 이런 일을 해낼 수 있는 거죠?" 하는 말이 그들에게는 최고의 찬사일 거야.

아빠도 비범함을 평범함 속에 감춘 채 살아보고 싶었지만, 원래 평범한 것밖에 없어서 그냥 살면 되더라. 하지만 일견 그거나 저거나 그렇게 큰 차이는 나지 않는 것 같더라고.

사람들은 평범함에 대해 이렇게 말한다.
"평범하게 보이는 것이 진짜 비범함이다."

아빠가 전해주는 인생 명언

자기 재능을 돋보이게 하지 않는 것이 진짜 재능이다.

_프랑수아 드 라로슈푸코

위인에게 접근할수록 평범해 보인다. 하인에게 위인이 훌륭하게 보이는 것은 드문 일이다.

_장 드 라브뤼예르

높은 사람에게는 필요 이상의 아첨이나 지나친 솔직함보다 평범하고 무난한 태도가 더 현명하다.

_라 퐁텐느

사람들은 완벽한 사람보다 약간 빈틈 있는 사람을 더 좋아한다. 실수나 허점이 오히려 매력을 더 증진시킨다. 이를 '실수효과'라고 한다.

_캐시 애론슨

중요한 것은 평범한 말로 비범한 걸 말하는 거다.

_아르투르 쇼펜하우어

화려한 일을 추구하지 말라. 중요한 것은 스스로의 재능이며, 자신의 행동에 쏟아붓는 사랑의 정도이다.

_마더 테레사

밤사이 곡식이 저절로 자라듯 계절 속에서 나는 성장한다. 여문 곡식은 인간의 손으로 만든 그 무엇보다도 훌륭하다.

_헨리 소로

시간의 흐름 · 만남과 헤어짐 · 인연

갖은 모양으로 주름을 잡고
가장자리에 장식을 단 옷이
몸을 아름답게 감싸고 있는 것을
볼 때마다 나는 생각한다.
언제까지나 이 상태로 있는 것은 아니다.
구겨지고 윤기가 없어지고 먼지가 쌓인다.

_프란츠 카프카

언제부터인가 일어설 때 무릎에서 소리가 나고, 목소리 톤도 낮아지기 시작했구나. 누군가가 내 일을 대신해줬으면 하는 마음이 생기는가 하면, 가끔 드라마를 보면서 눈물을 흘리기도 해.

'이제는 꽃잎이 지는구나' 하는 생각이 들 때면, 길가의 벤치에 앉아 지나가는 사람들을 바라본단다. 그리고 생각하지. 저 어르신의 젊음도 내 젊음과 다르지 않았을 것이며, 저 어르신의 가슴 아린 사랑도 나와 다르지 않았을 거라고. 저 아이의 젊음도 나와 다르지 않을 것이며, 저 아이가 마주할 가슴 아린 사랑 또한 나와 다르지 않을 거라고. 그 옛날 동굴 속에 살던 선조의 인생 또한 나와 별반 다르지 않았겠지.

모든 것은 그렇게 흘러. 꽃이 피어 만발하다가 지지. 사람이 태어나 나이 먹고 늙어가다가 죽고. 진자의 운동처럼 올라갔다가 내려갔다가……. 그뿐이다.

인간에게 주어진 삶의 시간이란 이토록 짧기에 유한한 우리는 자식을 낳으면서 영원한 삶을 꿈꾸는 것은 아닐까? 아니 어쩌면, 꽃이 피는 것뿐만 아니라 꽃이 지는 것을 알기 위해 우리는 이 결핍된 인간의 삶을 선택한 것은 아니었을까?

사람들은 시간의 흐름에 대해 이렇게 말한다.
"모든 것은 태어나서, 흥하다가, 사라진다."

아빠가 전해주는 인생 명언

시간은 슬픔과 다툼도 가라앉힌다.

_블레즈 파스칼

이집트의 피라미드들이 자취도 없이 무너지고 뉴욕의 마천루들이
더 이상 존재하지 않게 된 다음이라고 할지라도, 나비는 들판 위에
서 팔랑거리며 돌아다니기를 계속할 것이고, 풀밭에서는 이슬방울
들이 여전히 반짝이리라.

_칼릴 지브란

세월은 말없이 흘러가고 젊음은 늙음에 밀려나니, 가장 견고한 재
산이나 왕위도 와르르 무너지고, 명성이 덧없는 것임을 아무리 깨
달은들 무슨 소용이랴.

_마르셀 프루스트

뜨거운 불 속에서 아무리 잘 단련된 강한 쇠일지라도 마지막에는
너덜너덜한 폐물이 되고 마는 것을 종종 볼 수 있다.

_소포클레스

시간은 모든 것을 아주 서서히 파괴한다.

_조제프 주베르

예술 · 음악 · 미술 · 문학 · 아름다움

예술가의 비밀스러운 시각과
자연의 표현이 새로운 형태들을
발견하기로 뜻이 일치할 때
예술이 태동한다.

_칼릴 지브란

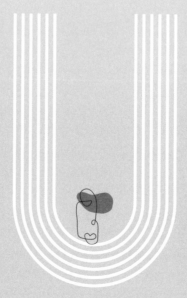

예술이란 예술의 대상과 예술을 하는 주체 사이에 교감으로 동기화되는 것이야. '너'로 말미암아 '나'가 되고, '나'로 말미암아 '너'가 되는 교감의 동기화 과정이 예술가와 예술품 사이에 일어나는 거야. 그렇게 예술가에 의해 물질로 변화된 생각의 빛은 작품을 보고 듣고 느끼는 존재 안에서 다시 생각의 빛으로 되살아난단다.

파도가 일렁이는 바닷가 카페에서 글을 쓰고 싶지만, 일에 매인 아빠가 글을 쓸 수 있는 곳은 창문 하나 없는 이 작은 공간뿐이구나. 그렇기에 아빠는 음악을 들으면서 글을 쓴단다. 신나는 음악을 들으면서 쓴 글에는 '신남'이 묻어나고, 차분한 음악을 들으면서 쓴 글에는 '차분함'이 묻어나지. 슬픈 음악을 들으면서 쓴 글에는 슬픔이 묻어나고.

사람들은 예술에 대해 이렇게 말한다.

"예술은 진실을 반영하며, 아름다움을 보여준다. 거기에는 예술가의 영혼이 담겨 있다."

아빠가 전해주는 인생 명언

아름다움을 발견하고 즐겨라. 약간의 심미적 추구를 게을리하지 말라. 그림과 음악을 사랑하고 책을 즐기고 자연의 아름다움을 만끽하는 것이 좋다.

_윌리엄 셰익스피어

간단히 말해서, 음악이 없는 삶은 잘못된 삶이며, 피곤한 삶이며, 유배당한 삶이기도 하다.

_프리드리히 니체

회화와 조각의 목적은 볼 줄 알게 되는 것이다.

_레오나르도 다 빈치

모든 예술은 형제이다. 그 밑바닥은 같다. 인간세계에서의 인간정신의 표현이다. 방법이 다를 뿐이다.

_오귀스트 로댕

예술은 정돈된 인생이다. 생명의 제왕이다.

_로맹 롤랑

위대한 예술가는 그의 영혼에 응답하는 영혼의 소리를 도처에서 듣는 법이다.

_오귀스트 로댕

태양이 없을 때, 그것을 창조하는 것이 예술가의 역할이다.

_로맹 롤랑

나의 예술은 가난한 사람들의 행복을 위해서 바쳐지지 않으면 안 된다.

_루트비히 판 베토벤

아름다움을 사랑하는 것은 취미요, 아름다움을 창조하는 것은 예술이다.

_랠프 에머슨

음악은 인간의 마음속에 존재하는 위대한 가능성을 인간에게 보이는 것이라고 한다.

_랠프 에머슨

평론가의 의견이 아무리 갈라지더라도 예술가는 자기 자신과 일치
한다.

_오스카 와일드

시(詩)란 강력한 감정이 자연스럽게 흐르는 것이다. 그것은 고요한
가운데 회상되는 감정에서부터 솟아난다.

_윌리엄 워즈워스

노래의 비밀은 노래하는 사람의 목소리가 지닌 진동과 듣는 사람의
마음 떨림 사이에서 발견된다.

_칼릴 지브란

사람의 마음을 안정시키는 세 가지. 명곡(名曲), 조용한 풍경, 깨끗
한 향기.

_《탈무드》

위대한 예술은 언제나 고귀한 정신을 보여준다.

_파블로 피카소

예술은 우리가 도달한 최고, 최상의 감성을 다른 사람들에게 전하는 것을 목적으로 삼는 인간 활동이다.

_톨스토이

그림은 미리 생각으로 결정하는 것이 아니다. 제작 중에 사상이 변하면서 그림도 변한다. 그리고 완성 후에도 보는 사람의 마음 상태에 따라서 변화한다.

_파블로 피카소

모든 예술의 궁극적인 목적은 인생은 살 만한 가치가 있음을 일깨워주는 것이다. 또한 그것은 예술가에게 더 없는 위안이 된다.

_헤르만 헤세

인생의 고통은 지나가버리지만, 아름다움은 영원히 남는다.

_오귀스트 르누아르

예술에 설명이 필요하다면 그건 더 이상 예술이 아니다.

_오귀스트 르누아르

돈 · 재화 · 소유 · 경제

빵만 있다면
대개의 슬픔은
견딜 수 있다.

_미겔 데 세르반테스

아버지는 "주머니에 돈이 없으면 사람이 만나고 싶어도 만나자고 할 수 없는 법이야"라고 말씀하셨지. 기본적인 돈이 없으면 가난의 악순환이 시작된다. 돈이 없기에 사람을 못 만나고, 인맥이 사라지니 다시 일어설 기회가 줄어들지. 다시 일을 못 하니 주머니의 돈은 더욱 줄어들고. 이래저래 돈이 없으면 더욱 돈이 없어지는 상황이 돼버리고, 헤어날 수 없는 가난의 늪에 빠져버려. 그렇게 우리는 가난의 두려움을 알게 되고, 가난에 길들게 되지.

많은 이가 이미 가난에 길들었음에도 세상은 더 많은 노예를 갈망하고 있어. 돈은 원래 사람들의 노력과 시간을 바꾸어주는 표준적 교환수단이었다고 해. 하지만 세상은 이제 '노력과 시간이라는 가치는 돈과 바꿀 수 없고, 돈과 바꿀 수 있는 건 오직 돈뿐이다'라고 말하면서 돈의 노예가 될 것을 강요하지. 그렇게 그리 가난하지 않던 사람들조차도 이제 노예계약서에 도장을 찍게 돼. 자신이 스스로 선택했다고 착각할 뿐, 그리고 자신이 선택한 그 길이 노예의 길임을 모를 뿐, 예전의 노예제도와 지금의 노예제도는 큰 차이가 없는 게 아닐까?

사람들은 돈에 대해 이렇게 말한다.

"사람답게 살려면 기본적인 돈은 있어야 한다. 스스로 일해서 번 돈이 가장 가치 있는 만큼 항상 절약해야 한다."

아빠가 전해주는 인생 명언

금전에는 빛깔이 없다는 말은 그른 말이다. 제 손으로 벌고 보면 낡아빠진 동전에서도 광택이 난다.

_마르셀 프루스트

가난은 결코 불명예로 여길 것이 아니다. 문제는 그 가난의 원인이다. 나태, 멋대로의 고집, 어리석음. 이 세 가지 중 하나가 가난의 결과라면 그 가난은 정말 수치로 여겨야 할 것이다.

_플루타르코스,《영웅전》

알맞은 정도라면 소유는 인간을 자유롭게 한다. 도를 넘어서면 소유가 주인이 되고 소유하는 자가 노예가 된다.

_프리드리히 니체

절약은 큰 수입이다.

_키케로

돈이 있어도 이상(理想)이 없는 사람은 몰락의 길을 걷는다.

_표도르 도스토옙스키

깨끗한 행실도 닦지 못하고, 젊어서 재물을 비축해두지 못하면 고기 없는 빈 못을 속절없이 지키는 늙은 따오기처럼 쓸쓸히 죽어갈 것이다.

_《법구경》

윌리엄 셰익스피어의 작품 대부분은 빵과 버터와 생활 경비를 얻기 위한 것이었다. 처음부터 위대한 일을 계획하고 노력한 끝에 위대한 업적을 남긴 사람도 있지만, 사람의 일이란 늘 생활과 연결되는 법이다.

_로렌스 굴드

돈이란 마치 인간의 제6감과 같아서 그것이 없으면 우리의 다른 5감도 제대로 활용할 수 없게 된다.

_서머싯 몸

재산이 훌륭한 위안자가 되어줄 수 있다는 것은 누구나 아는 사실이다.

_플라톤

내일의 결핍에 대비하여 오늘 준비하는 게 알뜰한 것이다.
_이솝

재물은 생활을 위한 방편일 뿐 그 자체가 목적이 될 수는 없다.
_임마누엘 칸트

우리는 가난을 예찬하지 않는다. 다만 가난에 굴하지 않는 사람을
예찬할 뿐이다.
_톨스토이

빚을 지고 내일 일어나기보다 오늘 밤 먹지 않고 잠자라.
_벤저민 프랭클린

행복해지는 길은 두 가지다. 욕망을 줄이거나 소유물을 늘리거나!
어느 쪽이라도 된다.
_벤저민 프랭클린

빚을 지는 것은 노예가 되는 것이다.

_랠프 에머슨

외
모
와
모
습

얼굴이 수려한 사람은
어떠한 추천서 못지않게
효능이 있는 법이다.

_아리스토텔레스

얼굴이 잘나고 외모가 뛰어난 사람은 세상에서 여러 혜택을 받고 산다 하더라. 그래서 나에게 부여된 삶의 짐이 이토록 무겁게 느껴졌는지도 모르겠다. 그리도 무거웠던 그동안의 인생 무게를 버텨온 나 자신이 갑작스레 자랑스럽기까지 하는구나.

사람들은 한결같이 겉으로 드러나는 것보다 내면의 아름다움이 더 중요하다고 말하지만, 자신은 외모 따위로 사람을 평가하시 않는다고 말하지만, 그들이 가진 눈은 내면의 모습이 아닌 밖으로 드러난 외모밖에 볼 수 없는 것 같아 안타깝구나. 하지만 수려한 외모가 눈에 들어오는 것은 어쩔 수 없는 인간의 모습일 거야.

사람들은 외모에 대해 이렇게 말한다.
"외모는 그 사람의 마음을 보여준다. 수려한 외모는 사람들에게
자연스러운 호감을 불러일으킨다."

아빠가 전해주는 인생 명언

얼굴은 마음의 거울이며 눈은 말없이 마음의 비밀을 고백한다.

_제롬

사람의 얼굴은 하나의 풍경이다. 한 권의 책이다. 얼굴은 절대 거짓
말을 하지 않는다.

_오노레 드 발자크

외모는 칼이나 총만큼 강력한 무기가 될 수 있다.

_바르바라

아름다운 얼굴은 추천장이고, 아름다운 마음은 신용장이다.

_빅토르 위고

자신을 꾸미는 일은 사치가 아니다.

_가브리엘 샤넬

아름다움이란 당신이 자신을 받아들이기로 결심할 때부터 시작된다.

_가브리엘 샤넬

어떤 사람들은 럭셔리란 빈곤의 반대말이라고 생각한다. 아니다.
럭셔리는 천박함의 반대말이다.

_가브리엘 샤넬

20대의 당신 얼굴은 자연이 준 것이지만, 50대의 당신 얼굴은 스스
로 가치를 만들어야 한다.

_가브리엘 샤넬

단순함과 집중

단순함은 궁극의 정교함이다.

_레오나르도 다 빈치

단순함과 집중은 서로 멀리 떨어져 있는 말처럼 느껴지지만, 이 둘을 함께 이야기하는 이유는 집중하기 위해서는 단순함이 필요하기 때문이란다. 집중을 통하여 우리는 짧은 시간 안에 많은 일을 해낼 수 있으며, 남는 시간을 다른 일들을 위해 쓸 수 있는 거지.

그런데 사람의 인지와 의지에는 엄연히 한계가 있기에 집중하려면 관심을 끌 주변의 것들을 단순화해야 해. 주변을 단순화하려면 매일 같은 옷을 입는 것처럼 삶의 요소 중 일부를 간결히 해야 해. 일의 차질 없는 진행을 위한 나름의 습관이 있으면 좋고. 예컨대 정리와 메모 등으로 인지의 수고를 덜어줄 수도 있을 거야.

사람들은 단순화에 대해 이렇게 말한다.

"단순화가 가장 힘든 것일 수 있다. 하지만 그 단순화가 최고의 것을 이루어낸다."

아빠가 전해주는 인생 명언

가장 위대하고 심오한 진리는 가장 단순하고 소박하다.

_톨스토이

제화공은 좋은 신발을 만든다. 왜냐하면 신발 외의 것은 그 무엇도
만들지 않기 때문이다.

_랠프 에머슨

나는 간소하면서 아무런 허세도 없는 생활이야말로 모든 사람에게
육체를 위해서나 정신을 위해서나 최상의 것이라고 생각한다.

_알베르트 아인슈타인

단순함의 완벽함이란 더 이상 보탤 게 남아 있지 않을 때가 아니라
더 이상 뺄 것이 없을 때 완성된다.

_앙투안 드 생텍쥐페리

살아가는 기술이란 하나의 공격 목표를 골라서 거기에 집중하는 데
있다.

_앙드레 모루아

단순함이란 우아함의 기본이다.
_가브리엘 샤넬

한마음 한뜻은 쇠를 뚫고 만물을 굴복시킬 수 있다.
_벤저민 디즈레일리

모든 것은 더 이상 단순화할 수 없을 때까지 단순화해야 한다.
_알베르트 아인슈타인

단순하게 살라. 현대인들은 쓸데없는 절차와 일 때문에 얼마나 복
잡한 삶을 살아가고 있는가?
_이드리스 샤흐

기
다
림
과

그
리
움

네가 오후 4시에 온다면
나는 3시부터 행복해질 거야.
시간이 가면 갈수록 그만큼
나는 더 행복해질 거야.

_앙투안 드 생텍쥐페리,《어린왕자》

기다림은 세상 모든 것을 잊고 기다림의 대상을 바라보게 한다. 기다림에는 세상의 모든 시계를 천천히 가게 만드는 마력이 있는 것 같아. 사랑하는 사람을 기다리는 시간은 세상 그 어떤 시간보다도 길지. 너무나 사랑하는 사람을 한 시간 뒤에 만나기로 했다면, 하루와 같은 한 시간을 보내게 될 거야. 기다림은 시간을 더디 흐르도록 만들 뿐 아니라 그 시간 일 초 일 초를 기쁨으로 채워준다. 소풍 가기 전날의 그 설렘은 쉽게 잊히지 않는 강력한 기억이잖니. 가끔은 기다리는 그 사람 혹은 그것이 오지 않기를, 그래서 기다림의 시간을 좀 더 만끽하고 싶다는 생각을 하기도 해.

길지 않은 인생에서 마음대로 시간을 늘릴 수 있다는 것, 그리고 그 시간 속에서는 인생의 버거운 짐을 내려놓고 기쁨을 누릴 수 있다는 것. 이는 힘들고 지친 우리에게 큰 위안이 되지.

사람들은 기다림에 대해 이렇게 말한다.
"기다림은 기다리는 동안 우리에게 그리움의 행복을 선사한다."

아빠가 전해주는 인생 명언

사람들은 내게 야구가 없는 겨울에 뭘 하냐고 묻는다. 내가 뭘 하는
지 얘기해주겠다. 나는 창밖을 바라보며 봄을 기다린다.

_로저스 혼스비

인간의 지혜는 단 두 단어 '기다림'과 '희망'으로 집약된다.

_알렉상드르 뒤마

기다림의 비결은 씨앗이 땅에 심겼다는 믿음, 무언가 시작되었다는
믿음을 가지는 것이다.

_헨리 나우웬

기다림과 견딤의 시간을 갖다 보면 희망의 싹이 튼다. 희망은 청하
지도 않았는데 나에게 저절로 오는 손님이 아니다.

_이해인

기다림은 시간을 죽이는 것이 아니다. 기다림은 머지않아 올 어떤
걸 기대하면서 시간을 이용하는 것이다.

_필립 얀시

그대 발길이 머무는 곳에, 숨결이 느껴진 곳에, 내 마음 머물게 하여
주오.

_'그대 발길이 머무는 곳에'

삶이라는 문제에 정답지가 있다면, 이렇게 수많은 말이 필요치 않을 거야. 실패란 무엇이다, 고난이란 무엇이다, 사랑이란 무엇이다, 행복이란 무엇이다, 하는 단 하나의 문장들이 있겠지. 하지만 하나의 주제에 수많은 말이 있어. 이 책에 등장한 말들보다도 수십 배, 수백 배, 수천 배의 말들이 세상에는 있단다.

삶이라는 문제에 정답지가 있다면, 우리는 문제를 놓고 그토록 고민하지 않았을지도 몰라. 정답을 알고 싶을 뿐, 정답을 맞히고 싶을 뿐, 문제를 풀려 하지는 않았을지도 모르지. 아마 속히 정답을 알기 위해 문제지를 빨리 내버리고, 삶이라는 시험장 밖으로 나가버릴지도 몰라.

삶은 정의되거나, 분석되거나, 해석되기를 원치 않는다. 삶은 오롯이 스스로 드러남으로써 의미 있는 가치가 지혜로 실현되길 바랄 뿐이야. 그리고 의미 있는 가치에 대한 바람은 가치 부재인 결핍으로 말미암아 비로소 드러나지.

삶 속에서 결핍은 바람이 되고, 바람은 생각이 되고, 생각은 경험을 통해 느낌과 감정으로 기억되고, 기억은 확실한 앎이 되어 지혜가 된다.

그렇기에 결핍 때문에 힘들고 지친 지금 이 순간, 우리가 해야
할 것은…….

다시 일어나,
의미 있는 그것을 향해,
한 걸음 한 걸음,
앞으로 나아가는 거야.

결핍이 지혜의 빛이 되는 그 순간까지!

Run, You Clever Boy, Run!
And Remember!
_〈Doctor Who〉

지은이 윤태진

서울대학교병원 교수. 충남 예산에서 태어나 성장했다. 서울대학교 의과대학을 졸업하고, 동 대학원에서 박사학위를 받았다. 서울대학교병원에서 수련의 · 전공의 · 전임의 과정을 수료했으며, 2011년부터 현재까지 영상의학과 교수로 재직 중이다. 뇌의 영상분석 및 뇌병변 진단을 위한 인공지능 개발을 전문 분야로 하며, 대한영상의학회 · 대한신경두경부영상 의학회 · 대한자기공명의과학회 · 대한갑상선영상의학회의 정회원으로 활동 중이다. '동맥스핀표지관류영상을 이용한 뇌사의 진단'을 비롯하여 160여 편의 논문을 국제 유명 학술지에 출판했으며, KCR(대한영상의학회), RSNA(북미영상의학회), ECR(유럽영상의학회) 등 수많은 국내외 학술 대회에서 발표 및 강의를 했다.

학술 활동 외에도 자기계발 및 인식론에 관련한 저술 활동을 해오고 있으며, 저서로 베스트셀러 《아들아, 삶에 지치고 힘들 때 이 글을 읽어라》를 비롯하여 《이기적 우주론》, 《번즈(BUNS)》 등이 있다.

《아들에게 전해주는 인생 명언 365+1》은 저자가 아들을 위해 집필한 명언 모음집으로, 세상에 대한 직관적인 통찰과 함께 아들을 향한 아빠의 애틋한 사랑이 책 전반에 걸쳐 스며들어 있다.

아들에게 전해주는
인생 명언 365 + 1

초판 1쇄 인쇄 2022년 11월 1일 | 초판 1쇄 발행 2022년 11월 15일
지은이 윤태진 | 펴낸이 전영화 | 펴낸곳 다연
주소 경기도 고양시 덕양구 의장로 114, 더하이브 A타워 1011호
전화 070-8700-8767 | 팩스 031-814-8769 | 이메일 dayeonbook@naver.com
편집 미토스 | 표지디자인 강희연 | 본문디자인 디자인 [연:우]

ISBN 979-11-90456-48-7 (03320)
※ 잘못 만들어진 책은 구입처에서 교환 가능합니다.